Этот справочник можно найти:

www.ace5handbook.com
www.etcontacthub.com
Amazon

Посвящается нашим сыновьям и дочерям, а также всем детям в мире.

Благодарности:

Спасибо нашей калгарийской команде, которая работала с нами и вносила свой вклад на протяжении многих лет:

Также большое спасибо многим другим участникам, особенно нашему соавтору и редактору Марку Коповски из Токийского *CE-5* и Деб Уоррен из *OCSETI* (Оканаганский Центр изучения внеземного разума, от англ. *Okanagan Center for the Study of Extraterrestrial Intelligence*), нашей доверенной и опытной наставнице. Также большая признательности нашей переводчице Анне, которая помогла нам продемонстрировать разнообразие контакта, посодействовав в распространении этой информации с русскоговорящими. Мы также благодарны за всю полученную помощь — сотрудничество со всеми вами сделало эту работу одним удовольствием.

Содержание

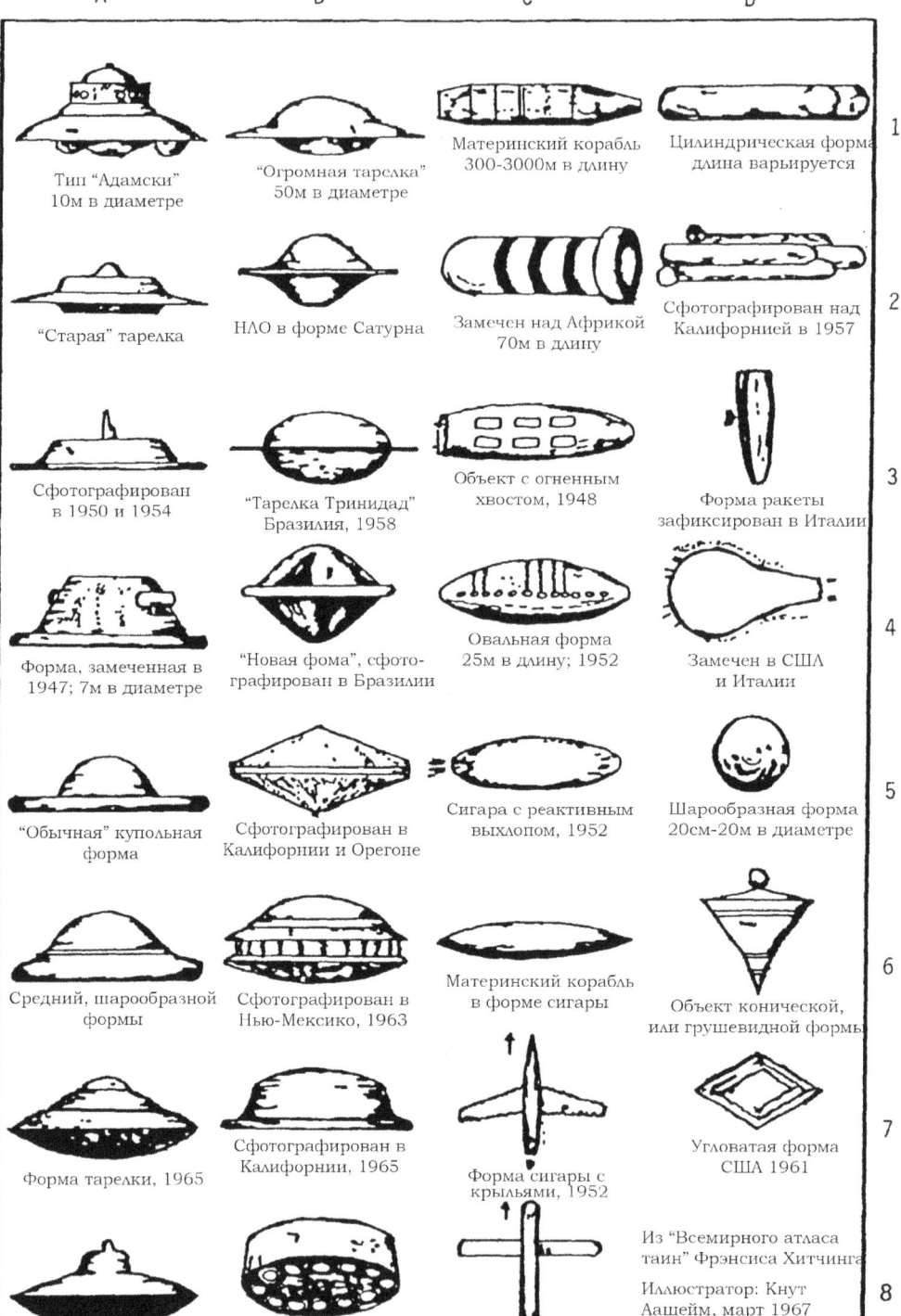

A B C D

1 — Тип "Адамски" 10м в диаметре | "Огромная тарелка" 50м в диаметре | Материнский корабль 300-3000м в длину | Цилиндрическая форма длина варьируется

2 — "Старая" тарелка | НЛО в форме Сатурна | Замечен над Африкой 70м в длину | Сфотографирован над Калифорнией в 1957

3 — Сфотографирован в 1950 и 1954 | "Тарелка Тринидад" Бразилия, 1958 | Объект с огненным хвостом, 1948 | Форма ракеты зафиксирован в Италии

4 — Форма, замеченная в 1947; 7м в диаметре | "Новая фома", сфотографирован в Бразилии | Овальная форма 25м в длину; 1952 | Замечен в США и Италии

5 — "Обычная" купольная форма | Сфотографирован в Калифорнии и Орегоне | Сигара с реактивным выхлопом, 1952 | Шарообразная форма 20см-20м в диаметре

6 — Средний, шарообразной формы | Сфотографирован в Нью-Мексико, 1963 | Материнский корабль в форме сигары | Объект конической, или грушевидной формы

7 — Форма тарелки, 1965 | Сфотографирован в Калифорнии, 1965 | Форма сигары с крыльями, 1952 | Угловатая форма США 1961

8 — Сфотографирован в Корее | Дискообразная форма 1950 | Цилиндрическая форма с крыльями | Из "Всемирного атласа таин" Фрэнсиса Хитчинга

Иллюстратор: Кнут Аашейм, март 1967

Масштаб не соблюдён

ЧАСТЬ ПЕРВАЯ:

ЗНАКОМСТВО С СЕ-5

Что такое «CE-5»?

"CE-5" это акроним для "Близких контактов пятой степени" (англ. *"Close Encounters of the Fifth Kind"*)

"Близкий контакт" — это термин, изобретённый доктором Дж. Алленом Хайнеком, который изучал неопознанные летающие объекты (НЛО) совместно с военно-воздушными силами США между 1947 и 1969 годами. Первоначально классификационная система близких контактов Хайнека состояла из трёх типов, и впоследствии дополнялась исследователями. В целом близкие контакты могут быть поделены на две группы:

- Первые четыре степени контактов, CE-1, 2, 3 & 4 случаются, когда встреча с НЛО, или инопланетянами, пассивна по своей природе; это происходит либо случайно, не напрямую, либо когда инопланетяне инициируют встречу. Очень часто такая встреча оказывается вне нашего контроля.

- CE-5, напротив, происходит, когда люди активно инициируют контакт и когда мы поддерживаем мирное двустороннее общение с инопланетянами.

"На что похоже CE-5?" Это может быть похожим на многое, но чаще всего CE-5 — это когда один или несколько человек собираются вместе, чтобы медитировать и отправить сообщение нашим инопланетным друзьям. В ответ приходят внутренние и внешние сообщения. CE-5 часто проходят в поле под звёздами, чтобы явление НЛО увидело как можно больше очевидцев.

Когда Хайнек начал изучение НЛО, он был настроен весьма скептически. Но в процессе исследования этой темы он убедился, что не все НЛО могут быть объяснены. В конце многолетнего исследования он сделал смелое заявление в отношение внеземного и внепространственного разума: "Имеется достаточное доказательство для признания и того, и другого".

Добро пожаловать в "Справочник CE-5!"

Наша цель — создание доступного практического руководства, которое вы сможете взять в поле, чтобы установить контакт с нашей звёздной семьёй.

Зачем устанавливать контакт? Вас может удивить, что цель общения с пришельцами не имеет ничего общего с получением визуального подтверждения или спасением мира. Этот необычайный диалог на самом деле связан с даром расширения вашего собственного сознания.

И это совсем не о мастерстве освоения свободной энергии! Однако такие результаты проявятся естественным образом как побочный продукт нашей эволюции.

У каждого из вас есть свой уникальный путь к расширению сознания. Вы можете выбрать подходящую технику в этом справочнике, и пусть она вдохновит вас на создание собственных способов установления контакта.

Мы надеемся, что вы получите удовольствие от создания богатого, интересного, и воодушевляющего опыта с нашими инопланетными друзьями.

Расширение сознание — это весело!

Желаем повеселиться!

История CE-5

Протоколы контакта *CE-5* были созданы доктором Стивеном Гриром совместно с несколькими инопланетянами в 1973 году. Существа поделились с Гриром важностью обучения людей этому протоколу, чем он и начал всерьёз заниматься спустя несколько десятилетий. Контакт, инициированный человеком, может существовать вне обозначенного протокола. Вот несколько примеров:

- На протяжении всей истории шаманы коренных культур по всему миру имели периодическую связь с инопланетянами.

- 15 марта 1954 года группа искателей отправила телепатическое сообщение в космос, обозначив это событие "Всемирным днём контакта". С тех пор они провели многочисленные сеансы, связывая возросшие свидетельствования НЛО в этот день с проводимым мероприятием.

- В 60-х группы хиппи в США и Великобритании отправили и получили сообщения от инопланетян.

- В 1974 году Сиксто Паз Веллс и перуанская группа "Рахма" начали отправлять и получать сообщения, в том числе приглашать международную прессу для подтверждения запланированных заранее множественных свидетельств явления НЛО и сообщения о них.

Доктор Грир основал группу *CSETI* в 1990 году. За счёт реализации и преподавания доктором Гриром протоколов контакта через эту группу, а также через объединяющую организацию Косты Макреаса "Народное движение за раскрытие информации", термин "*CE-5*" распространился по всему миру. Множество разнообразных групп устанавливают контакт, вдохновившись *CE-5*, либо своим собственным способом. Достоверно никто не знает, сколько на самом деле человек или групп по всему миру постоянно принимают участие в *CE-5*; оценивается, что это число равно тысячам… и постоянно растёт.

Первоначальный протокол включает в себя соединение с единым сознанием и удалённое видение, чтобы визуализировать направление инопланетян к вашему местоположению и показать им, где вы находитесь. Проигрываются тональности, записанные во время предыдущих явлений либо на месте кругов на полях, а также применяются астрономические лазеры и другие виды оборудования. Доктор Грир сказал бы вам, что нет нужды исполнять *CE-5* строго в соответствии с его интерпретацией и дизайном. Следование чьим-либо указаниям до мелочей абсолютно не влияет на успех установления контакта. Вы установите контакт, только когда будете к этому по-своему готовы. Самый важный урок, который нужно вынести из этого документа, — это то, что наилучший протокол получается, когда вы следуете своим собственным правилам и делаете всё по-своему.

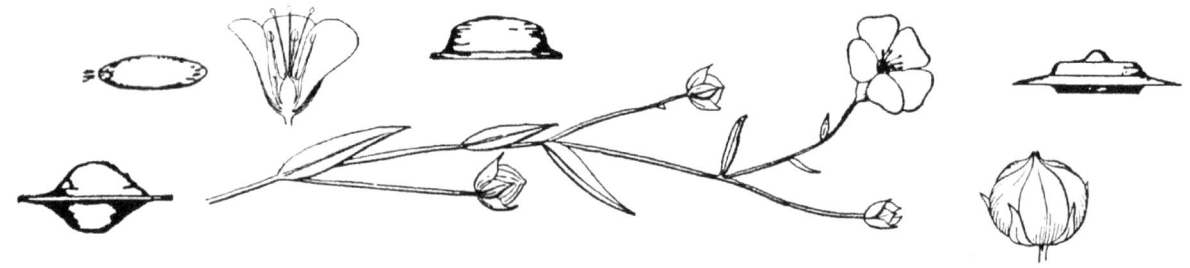

> **"Сиксто и Коста — классные имена. Хочу узнать о них побольше."**
> См. "Кто есть кто" на обороте этого справочника, чтобы найти биографии ключевых фигур *CE-5*.

"С КЕМ мы связываемся?"
С инопланетянами? Небесными существами? Духами? Энергетическими сущностями?

Старые парадигмы предположили бы, что мы связываемся с физическими пришельцами, летающими на физическом судне. Это может быть правдой: некоторые инопланетяне могут быть физическими существами в нашем понимании *3D* (трёхмерного) пространства. Однако сейчас, основываясь на явлениях, опытах и феноменах, засвидетельствованных в истории уфологии, мы можем сделать логический вывод, что многие, если не все, инопланетяне обладают межпространственными способностями. Они могут ассоциироваться с нефизическими существами или духом/первоисточником или даже являться ими. В любом случае, мы осознаём, что контактируем с благожелательными существами, которые главным образом заинтересованы в расширении сознания человечества, и самое главное, что они привносят в нашу дискуссию, — это любовь. Как мы об этом узнали? Потому что наш внутренний и внешний опыт всегда были положительными, и мы свидетельствуем явления, только если мы сами приходим с любовью в сердце.

"А что, если вы ошибаетесь?" Если мы не контактируем с какими-либо дружественными сущностями, тогда единственное объяснение нашему опыту заключается в том, что индивидуально или в составе группы люди способны воплотить в жизнь то, чего мы хотим или ожидаем. Что же всё это могло бы означать в таком случае? То, что мы не можем добиться таких потрясающих результатов без любви, и что мы только начинаем осознавать наш потенциал. Это не менее здорово.

Наша калгарийская история CE-5

В 2013 году мой друг и я посмотрели документальный фильм "Сириус". Мы были так воодушевлены, что организовали группу CE-5. Наша первая вылазка случилась в летний день с ясным голубым небом, не считая маленькой кучки облаков, на которые я указала нашей группе: "Правда они похожи на слово 'Hi' (привет)?" Мы все посмеялись и вернулись к нашей медитации. Нам следовало бы это сфотографировать! Сейчас я думаю, что это было едва уловимое приветствие от наших звёздных друзей. На протяжении трёх лет мы переживали внутренний опыт. Иногда кто-то замечал аномальные феномены. Нас расстраивало отсутствие явлений. Позже некоторые из нас отправились к горе Шаста, где несравненный и замечательный Коста Макреас организовал выездной семинар. Какой неповторимый опыт контакта! По возвращении мы намного лучше знали, что нужно искать в небе. Прошедший с тех пор год был наполнен замечательными явлениями (в порядке возрастания неопровержимости):

- Многих "предполагаемых метеоритов". (Их главная аномалия заключается в огромном количестве, особенно если учитывать, что наши ночные вылазки не приходились на метеоритный дождь).

- Многих "предполагаемых спутников". Некоторые из них мерцают, вспыхивают и/или сияют.

- Аномальных мерцающих цветов в звёздном кластере Плеяды.

- Огонька ярче планеты, который проявился сквозь облако; когда облако исчезло, исчез и огонёк.

- Множественных фотовспышек и групп фотовспышек. (Маленькие вспышки света наподобие вспышки фотоаппарата — обращайтесь к словарю за определением новых терминов). Дважды мы наблюдали более 50 таких вспышек одна за другой, путешествующих через небо.

- Четырёх очень ярких низко летающих огней, один из которых был достаточно низко, чтобы пройти сквозь облако и осветить его. (Мы наблюдали за тем, как они замедлились почти до полной остановки на линии горизонта).

- Огромной сферы, медленно опускающейся с неба, будто падающее на землю пёрышко.

- Очень яркого света, который двигался, останавливался, двигался, опять останавливался и потом стремительно исчез.

Нам не терпится увидеть, что же будет дальше. Те три бесплодных года были для нас необходимы — нам следовало значительно вырасти, прежде чем созреть для визуальных явлений. Но не думайте, что вам тоже потребуется столько времени, чтобы что-то увидеть! В последнее время явления происходят чаще, и их легче заметить. Теперь людям удаётся увидеть явления в первую же ночь в поле. Если вы будете применять рекомендации, описанные в этом руководстве, мы предполагаем, что мы сможем засвидетельствовать явление всего в пределах 6 вылазок.

Сиелия и калгарийская круппа CE-5

Ключевые элементы

Решение следовать или нет первоначальным протоколам *CSETI* зависит только от вас. Но какой бы путь вы не выбрали, существуют три ключевых элемента, необходимых для установления контакта:

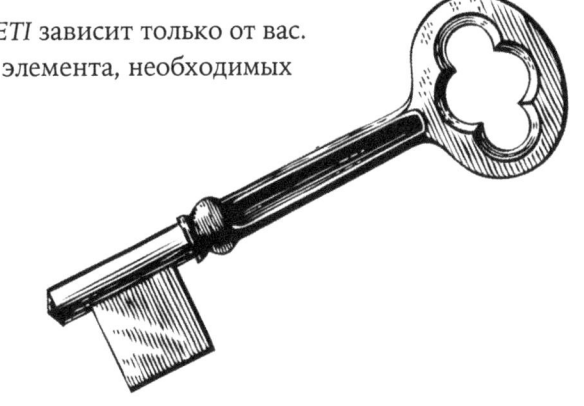

1. Связь с единым сознанием

2. Чистые помыслы

3. Благие намерения

1. Связь с единым сознанием

Вам будет необходимо связаться с первоисточником как в повседневной жизни, так и во время *CE-5*. Если вы возглавляете группу, вам предстоит мотивировать остальных на достижение состояния единства со всем окружающим. Вот несколько техник, которые помогут вам научить себя и других, как достичь Вселенского Единения:

- Начните с восприятия своего собственного сознания и распространите его вокруг себя, соединяясь с сознаниями всех и всего поблизости… травы, деревьев, других членов группы, людей в соседнем районе, водителей на дорогах. Позвольте вашей осознанности расшириться и распространиться на них, представьте, что они чувствуют и ощущают в своей жизни.

- Отделите себя от вашего индивидуального сознания. Посмотрите на себя с высоты птичьего полёта. Выйдите за пределы индивидуального сознания. Наблюдайте за собой сверху. Обратитесь к себе: "А вот и Джэйсон, сидит здесь со своей группой. Кажется, он наслаждается процессом!"

- Расширьте границы своей сущности так далеко и широко, чтобы ваше тело воплощало собой всю Вселенную. Вы и есть Вселенная. Все звёзды, галактики, туманности и планеты существуют в пределах ваших рук, ног, туловища и головы. Визуализируйте процесс рождения и гибели звёзд, жизнь на других планетах, великое движение солнечных систем… и не забудьте о межгалактическом космическом дорожном движении!

- Осознайте, что прошлое и будущее — несуществующие понятия. Есть только настоящее. И если всё происходит только в настоящем, и каждое событие случается в одно и то же время; и если реинкарнация реальна, то так ли это невозможно, что каждый человек на вашем пути — это версия вас, живущая другой жизнью? Представьте, каково это — быть другими людьми в вашей группе. Представьте, что, смотря на них, вы видите своё отражение в зеркале в этот самый момент.

- Визуализируйте свою связь со всем и вся. Соединены ли ваши сердца невидимыми нитями? Или ваши солнечные сплетения — верёвкой? Наблюдайте за тем, как ваше продолжение соединяется со всеми формами жизни во взаимосвязанной системе света.

- Сфокусируйтесь на мысли о бессмертности энергии и о том, что каждое ваше действие соединяет вас с миром и со всеми окружающими людьми. Подумайте об "эффекте бабочки".

- Помните, что, если бы вы не существовали, ничто не могло бы существовать. На самом деле. Вы являетесь неотделимой частью целого.

- Знайте, что вы есть часть Бога/Первоисточника/Космоса/Вселенной/Всего/Создателя. Осознавая это, что вы видите или чувствуете, глядя на мир своими глазами? Что бы вы почувствовали, будучи Богом (или другой высшей сущность), смотрящим на мир вашими глазами?

- Просто будьте. Сохраняйте тишину и позвольте всем возникающим мыслям просто уплыть прочь. Дышите. Погрузитесь в пустоту, цените и чувствуйте любовь.

Для практики *CE-5* очень важно связываться с единым сознанием на регулярной основе, чтобы добиться мастерства в достижении этого состояния разума. Не переживайте, если у вас не получается овладеть этими техниками. Мы знаем нескольких человек, у которых возникли трудности с медитацией и визуализированием, однако их добрые, кроткие и благодарные души прочно соединяют их с единым сознанием, что, возможно, даже затмевает периодические осознанные намерения.

2. Чистые помыслы

*Подходите к этому
с любящими намерениями*

Не надо ничего доказывать

Искренне

3. Чёткое намерение

Почему вы это делаете?

- Чтобы поспособствовать своему росту
- Чтобы впустить и принять излечение
- Чтобы духовно поднять человечество
- Дипломатическая инициатива
- Чтобы подзарядить себя/дать себе надежду
- Чтобы принять подарок визуальных явлений
- Подтвердить, что мы не одиноки
- Документирование доказательств
- Запрос на космическое вмешательство
- Чтобы продемонстрировать желание и готовность к следующей ступени контакта
- Чтобы быстрее овладеть инструментами свободной энергии и двигаться к освобождению человечества
- Чтобы помочь стабилизировать Землю и придать ей гармонию
- Чтобы поспособствовать в создании лучшего мира для наших детей
- Чтобы повеселиться!
- И так далее

Вначале обозначьте своё намерение и продолжайте уточнять его в процессе. Оно может измениться вместе с вами либо во время *СЕ-5*, или в вашей повседневной жизни. У вас может быть сразу несколько намерений одновременно.

<u>Намерения в процессе *СЕ-5*:</u>
В самом начале *СЕ-5* во вступлении вместе со своей группой обозначьте намерение для этой ночи. Вы можете попросить людей поделиться их личными намерениями или позвольте нескольким волонтёрам выступить с предложением группового намерения, с которым все согласны.

В процессе контакта вы можете делать изменения и добавления. Например, при обнаружении предполагаемого спутника вы всей группой можете соединить ваш разум и сердце и попросить, чтобы он поменял своё направление или включил зажигание, либо чтобы судно приблизилось. Если мешают облака, вы вместе можете попробовать их разогнать. Вы можете попросить комаров оставить вас в покое или чтобы группе стало теплее. Может быть, вы хотите использовать групповое исцеление для одного из членов. Намерение, поддерживаемое всей группой, многократно усиливается — подробнее об этом можно узнать в научно обоснованных исследованиях о том, как трансцендентная медитация снижает уровень преступности в городах до 70%.

После окончания вашей полевой работы, обозначьте несколько намерений на время после *СЕ-5*, напомнив остальным о необходимости смотреть в оба и сохранять открытость разума на случай возможного общения по пути домой, во время сна или в последующие дни.

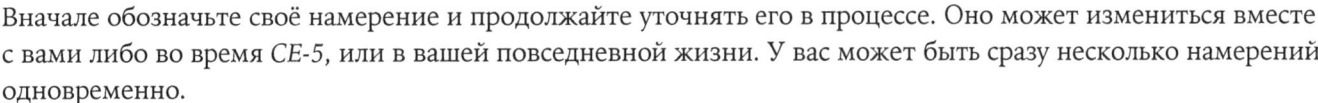

"Что такое зажигание"?
Узнайте значение этого и других незнакомых терминов в словаре в конце справочника.

Другие полезные элементы

Три первых ингредиента установления контакта — это основные принципы из опыта доктора Грира. Основываясь на наших собственных знаниях, мы может привести несколько дополнительных компонентов, которые помогут усилить контакт:

- Вибрация

- Согласованность и единство

- Вера

1. Положительные вибрации

Если мы примем тот факт, что реальность тесно связана с вибрационной иерархией, где более высокие и более низкие энергетические плотности, измерения или состоянии сознания охватывают обширный континуум, мы осознаем, что инопланетяне, Вознесённые Владыки, ангельские существа и другие подобные сущности находятся в более высоком вибрационном пространстве, нежели наш ограниченный трёхмерный материальный мир. Так как они вибрируют на более высокой частоте, чем люди, они существуют вне нашего природного восприятия. В каком-то смысле мы слепы к огромной части космического "дикого" пространства. Но всё не так уж и безнадёжно. Хорошая новость заключается в том, что мы тоже бесконечные многомерные существа. Если нам удастся повысить нашу вибрационную частоту так, чтобы она совпадала с энергетическими вибрациями инопланетян, у нас появится бóльший шанс увидеть друг друга и установить реальный ощутимый контакт. Лисса Рйоял Холт называет это желаемое состояние "точкой соприкосновения".

Как повысить вашу вибрацию

В процессе *CE-5* ваша энергетическая частота может быть повышена несколькими способами:

- Осознайте своё эфирное тело, вашу высшую форму и все стороны вашей личности за пределами трехмерного пространства.

- Играйте. Инопланетяне будут играть с вами, так что присоединяйтесь к веселью.

- Сохраняйте лёгкое и приподнятое настроение *CE-5*.

- Расслабьтесь. Вне зависимости от того, увидите ли вы что-то или нет во время вашего следующего *CE-5*, вы несомненно вырастите.

- Самый быстрый способ повысить вашу вибрацию — это быть признательными. Почувствуйте благодарность за вашу компанию, ночь, звёзды, бесконечность, жизнь, прикольные лазерные указки.

- Будьте самим собой. Вас окружают такие же чудики, так что расслабьтесь немного.

- Ощутите сонливость. Войдите в состояние тета-волн.

- Готовясь к *CE-5*, медитируйте в составе группы или индивидуально. Много медитируйте в целом.

- Напоминайте всем, что мы не просто физические существа, но бесконечные, духовные и многогранные. Чем больше мы расширяем нашу осознанность, тем больше мы сможем воспринять нашим вселенским зрением и испытать явлений.

- Ожидайте этого. Вы являетесь бесконечным вечным существом, и рано или поздно вы УСТАНОВИТЕ контакт.

- В то же время оставайтесь спокойным. Постарайтесь не расстраиваться и не сдаваться, если сегодня не происходит ничего особенного. Отдавайте предпочтение опыту, но не НУЖДАЙТЕСЬ в нём.

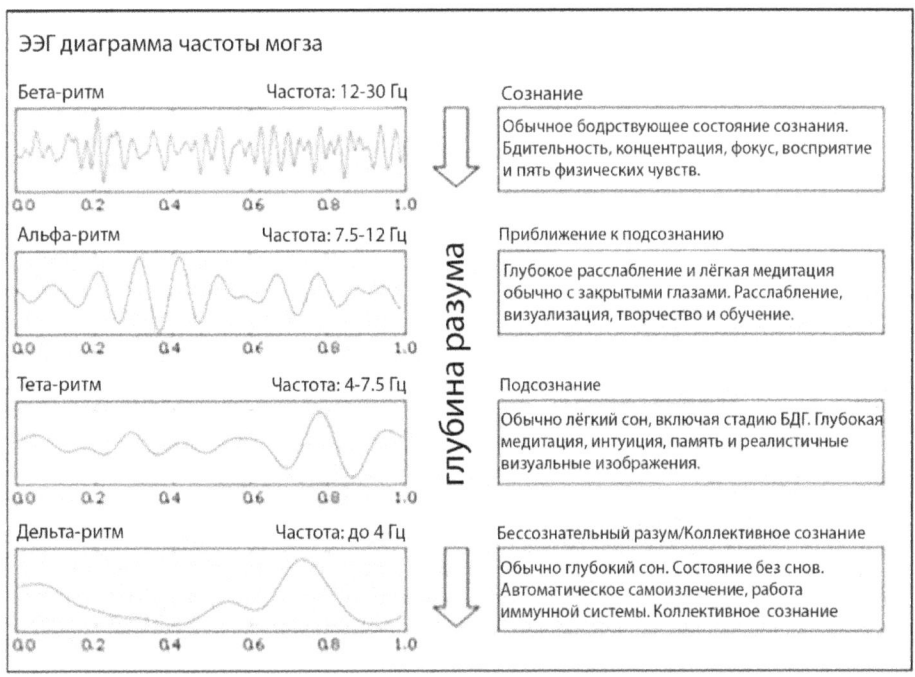

http://www.mind-your-reality.com/brain_waves.html

Повысить вашу вибрацию может быть так же просто, как жить от всего сердца:

"Выбирай любовь.

"В жизни у нас есть выбор между мыслью любви и мыслью страха.

"Страх — это энергия, которая сжимает, закрывает,
втягивает, убегает, прячется, накапливается, вредит.
Любовь — это энергия, которая расширяет, раскрывает,
посылает вовне, остаётся, открывает тайны, делится, исцеляет.

"Страх окутывает наши тела в одежду, любовь позволяет нам
оставаться обнажёнными.
Страх цепляется ко всему, что у нас есть, и удерживает это,
любовь отдаёт всё, что мы имеем.
Страх держится поблизости, любовь дорожит нами.
Страх вцепляется, любовь отпускает.
Страх терзает, любовь успокаивает.
Страх атакует, любовь преображает.

"Каждая человеческая мысль, слово или поступок основаны на одной из этих двух эмоций.
Другого выбора не существует, потому что выбирать больше не из чего.
Однако у вас есть свобода выбора одного из двух".

—*"Беседы с Богом" Нила Дональда Уолша*

Знайте, что, поднимая вашу собственную вибрацию и вибрацию группы, вы влияете на мир и Вселенную. Представьте, что это происходит в огромном масштабе, где наши мозговые волны — это вибрации, испускаемые планетой, которые достигают существ с более высоким уровнем сознания и связываются с ними.

"В комнате, заполненной струнными инструментами, одной сильно вибрирующей струны будет достаточно, чтобы заставить остальные вибрировать в гармонии. Вы можете провести такой эксперимент в уменьшенном масштабе, взяв две гитары и поместив их в одной комнате рядом друг с другом. Ударьте по струне одной гитары на любой ноте, и другая тоже начнёт вибрировать без малейшего прикосновения!"

Неизвестный источник

2. Согласованность и единство группы

Уровень испытанного группой контакта будет часто пропорционален согласованности и единству командного усилия.

Согласованность включает в себя общие ценности, намерение и цели.

> Все участники группы понимают, чем они здесь занимаются и почему. От них не должно исходить смешанных сообщений. Инопланетяне будут более восприимчивы (на вибрационном, энергетическом уровне) и способны ответить и взаимодействовать с теми группами, чьё намерение и послание согласованы и кто может поднять свою собственную частоту, совместно проецируя сильное чувство мира, любви, благого намерения и доброты. Позвольте этим положительным вибрациям и намерениям вашей группы щедро влиться в космическое пространство. Инопланетяне смогут их уловить и ответят тем же.

Единство заключается в том, насколько хорошо команда функционирует как единое целое.

> Если в вашей группе не хватает организации, чувства порядка или если внутри существует конфликт или трение, исход контакта может пострадать. Представьте, что инопланетяне удалённо проверят вашу команду и всё увидят. Если они почувствуют разногласие, негатив, неприятную атмосферу или команду, работающую неаккуратно, неуклюже и неподготовленно, они могут не захотеть приблизиться. Более того, с точки зрения вибраций у них может не оказаться такой возможности. Контактные группы, демонстрирующие хорошую командную работу, взаимодействие, сотрудничество, единство, взаимоуважение и испускающие сильное чувство любви, гармонии, мира и доброжелательности, естественным образом добьются большего успеха. Попробуйте собрать и обучить команду, работающую гладко и эффективно, как одна счастливая семья. Это может потребовать какого-то времени, терпения и многочисленных контактных вылазок, но результатом станут более глубокие уровни контакта.

<u>Как повысить согласованность и единство:</u>

- Обеспечьте новичков предварительной информацией перед полевой работой. Новым участникам нужно знать, чего ожидать. (Вручите им этот справочник!)

- Примите новых людей с искренним гостеприимством и теплом.

- Если у вас большая группа, попросите всех носить именные бейджи.

- Если в группе появились новые участники, вы можете начать непринуждённый разговор, чтобы снять напряжение.

- Когда вы приступите к *CE-5*, отведите некоторое время на то, чтобы просто побыть вместе перед тем, как начать смотреть на небо (лучше сделать это до наступления темноты).

- Задайте друг другу вопросы, узнайте друг друга получше, попытайтесь говорить не больше, чем слушать.

- Будьте любящими и терпимыми.

- Улыбки и объятия!

- Перекусите вместе перед началом полевой работы или между контактными мероприятиями. Совместные посиделки очень помогли единению нашей группы.

- Принимайте опыт и восприятие реальности других людей, как бы безумно они ни звучали.

- Попробуйте искренне радоваться, когда другие увидят явление или переживут какой-либо интересный опыт, даже если вы чувствуете зависть.

- Сделайте групповые фотографии (но уважайте тех, кто желает оставаться инкогнито).

- Начинайте и заканчивайте полевую работу, держась за руки; соедините вашу энергию. (Не затягивайте с этим, если на улице холодно или летают комары).

- В зависимости от местоположения, рассмотрите возможность включить в ваше контактное мероприятие совместный осмотр местных достопримечательностей. Добавьте приключений!

Эти ребята смотрят на "Ютсуро-бьюн", японское НЛО. Засвидетельствовано в 1803 году, нарисовано в 1843 году.

<u>Командная работа & Лидерство</u>

Командная работа является важным компонентом согласованности. Похоже, что больше явлений происходит в тех случаях, когда люди делят работу между собой. Каждый может посодействовать каким-либо образом. Очень важно быть эффективным лидером, который может этому посодействовать! Должна признаться, поначалу лидерство меня пугало. Но это отличная возможность для роста.

Марк Коповски из Токийского *CE-5* — направляющий руководитель, который повлиял на мои записи. Он внёс значительный вклад в этот документ, и я ценю его многолетний опыт и мудрость. Вот некоторые из его практических мер для командной работы и согласованности.

- Разделите труд и поручите командные роли (например, координатор места, фотограф, видеограф, лазерная указка, палочка шалфея, благовония, магнитофон, бинокль, советник по звёздным мероприятиям, безопасность на месте) и убедитесь, что каждый знает, чем нужно заниматься, когда и как. Попробуйте сделать так, чтобы все чувствовали себя частью группы, давая им какую-либо роль или поручая даже самое маленькое задание. Ничего страшного, если у вас окажется 10 фотографов, располагающих только Айфонами. Если у вас маленькая группа, вы можете поручить разные роли одному человеку.

- В идеале для поддержания чувства единства и согласованности во время полевой работы должно происходить только одно обсуждение за раз. Если кто-то хочет чем-либо поделиться, они должны говорить достаточно громко, чтобы всем остальным было слышно. По возможности постарайтесь избегать разговоров один на один вне перерывов.

- Чтобы сбалансировать маскулинную и фемининную энергии, мужчины и женщины в контактном кругу должны чередоваться: мужчина, женщина, мужчина, женщина и так далее.

Мой стиль управления скорее невмешательский. Я знаю, что должна поработать над собой, чтобы быть немного более настойчивой. Вот несколько советов, которые я собрала на своём пути:

- Вежливо контролируйте самых болтливых и поощряйте тех, кто больше молчит. (Убедитесь, что вы сами не принадлежите к болтунам! Экстравертные лидеры часто этого не замечают.)

- Следите за происходящим и следуйте пожеланиям группы.

- Работайте над обретением уверенности в себе как в лидере и преодолевайте неуверенности.

- Спрашивайте у людей, куда они хотят пойти и чем хотят заняться.

- Давайте выбор: иногда открытые вопросы слишком открыты.

- Когда кто-то делает предложение, опробуйте его. Если оно не работает, используйте его в другой раз.

- Спросите, не желает ли кто-нибудь выбрать/вести медитацию, управлять оборудованием, позвонить в колокольчик и так далее.

Напомните группе, что командная работа является частью согласованности, что, в свою очередь, привлекает явления. Ничего страшного, если члены слишком застенчивы, чтобы принимать участие, просто не берите на себя слишком много, чтобы не оказаться перегруженным или недовольным. От вас не требуется провести идеальную встречу со всеми прибамбасами — рост и явления происходят даже при наличии самой простой программы и без оборудования. Вы как лидер должны убедиться, что и сами получаете удовольствие от происходящего и вибрируете с высокой частотой, так что берите на себя столько, сколько вы сможете с удовольствием осилить.

Немного о наркотиках, алкоголе и оружии

Мнение Марка:

"В целом использование или наличие алкоголя, наркотиков или оружия в процессе *СЕ-5* не поощряется. Точно так же, как вы не стали бы использовать наркотики или оружие или брать их на высокоуровневую дипломатическую встречу в ООН, вам не следует приносить или использовать их на контактном мероприятии, в котором принимают участие межзвёздные гости. В послах вселенной должны наблюдаться чёткое чувство приличия, хорошие манеры, уважение и базовый профессионализм, если главным намерением является установление контакта и общение. Осознайте, что инопланетяне смогут удалённо проверить вашу группу и сразу же узнают, если кто-то находится под воздействием веществ или представляет собой потенциальную опасность или угрозу. Те, кто находятся под воздействием, естественным образом потеряют определённую часть физического, умственного и эмоционального самоконтроля, и вы можете быть уверены, что по причинам безопасности инопланетяне либо не приблизятся, или приблизятся, но не близко. Если цель контактной работы — поделиться вашим потрясающим потусторонним опытом и приключениями с друзьями, семьёй или общественностью, только представьте, насколько правдоподобно прозвучит ваша история, если вы или другие члены группы находились под влиянием алкоголя или галлюцинировали в то время? Нам как гражданским дипломатам нужно делать всё возможное, чтобы создать позитивное, гостеприимное и безопасное место для наших галактических посетителей. Это означает приступать к полевой работе с полным осознанием происходящего, бдительностью, трезво и без оружия. И с вибрационной точки зрения, наркотики с большой вероятностью нарушат ваше энергетическое поле и понизят частоту, что может сделать вас целью для негативных или эгоистичных сущностей. Это одна из причин, по которой Джеймс Гиллиланд запрещает какие-либо наркотики на своём ранчо".

Я согласна с Марком. В нашей группе никогда не было тех, кто бы принимал одурманивающие вещества во время контакта. (Насколько мне известно!). Не представляю, что это могло бы быть полезным в каких-либо духовных или научных делах. Возможно, исключением было бы использование вещества в качестве лекарства, в священных целях и/или под наблюдением шамана. Будучи немножко анархистом, скажу: *"Chacun son gout"*. ("Каждому своё", или привет французский уровня средней школы). Вы поймёте на своём жизненном опыте, помогают ли вещества в установлении контакта/расширении вашего сознания, или же являются препятствием. Вы как лидер можете выбрать, разрешать их употребление или нет. Что касается оружия, то в Канаде его относительно нет, так что я даже представить не могу, что кто-то принесёт его с собой на *СЕ-5*!

3. Верить = видеть

Основное препятствие для явлений заключается в нашей зависимости от физического подтверждения. Различные источники твердят нам, что мы сами создаём нашу реальность и что наш внутренний мир должен преобразоваться, прежде чем мы сможем увидеть внешние результаты. Явления НЛО являются идеальным тому примером. По большей части уровень веры человека тесно связан с количеством полученных им доказательств. Довольно забавный жизненный парадокс. Вы получаете желаемое, когда уже не нуждаетесь в нём. Ха-ха. Забавно, правда?

Вера — просто постоянно возникающая мысль. Попробуйте следующее:
* Это вполне возможно
* Мир/реальность/я можем оказаться чем-то большим, нежели нас научили
* Мы эволюционируем, и будущее неизвестно
* Другие видели НЛО
* Может быть, я увижу НЛО

Может быть, вы услышите о странном человеке, засвидетельствовавшим большое явление и всё ещё скептически настроенным. Его роль скептического свидетеля имеет свою уникальную цель в процессе раскрытия истины.

Существует и другой сценарий, когда в некоторых случаях с людьми инициируют специально разработанный ошеломительный контакт, чтобы заставить их двигаться в этом направлении. Такое может оказаться весьма неприятным, если они не готовы получать постоянные сообщения. В таком случае им следует присоединиться к остальным для совместного поднятия вибраций и работать над тем, чтобы расстаться с понятием о традиционной реальности и нашими ограниченными идеями о себе.

Если вы настроены скептически и экспериментируете с этим, тогда вам, возможно, стоит объединиться с теми, чья сильная вера заставляет вас поставить под вопрос их адекватность. Развивайте свои отношения с ними: они магниты для явлений. Оставайтесь научными, но не упускайте возможности быть рядом с этими милыми замечательными людьми. К тому же терпимость к разным парадигмам хорошо отразится на вашем личностном росте. Взаимодействуя с ними, оставайтесь верны своей собственной парадигме и доверяйте своим собственным суждениям.

"Я замечаю здесь какой-то бред сумасшедшего. Мне теперь нужно поверить в чакры, вихри или кристаллы? Я хочу верить в НЛО, а не в "нью-эйдж" штуки".
Конечно, вы не обязаны носить тай-дай и петь мантры, чтобы расширить ваше сознание/увидеть явления. Однако предупреждаю, что, если вы больше ориентированы на науку, то некоторые части этого документа не найдут в вас отклика. Мир *CE-5*, безусловно, тесно связан с духовностью. Используйте только то, что работает для вас, и не берите во внимание всё остальное. Запомните, что инициирование человеком контакта с инопланетянами состоит из трёх компонентов: 1. Связь с единым сознанием, 2. Чистые помыслы и 3. Благие намерения.

> *"День, когда у меня не останется сомнений, — это тот день, когда я стану опасен".*
>
> —Нил Дональд Уолш

Совет: отличный способ укрепить веру — это рассказывать друг другу истории во время *CE-5*, что придаст вам правильный настрой для контакта. Согласно первоначальному протоколу *CE-5*, играть тональности кругов на полях перед мероприятием также может оказаться полезным, чтобы напомнить себе, что существует огромное количество необъяснимых феноменов, засвидетельствованных многими и записанных для изучения. Вы можете найти эти тональности в приложении *ET Contact Tool* (инструмент для контакта с инопланетянами) или на *YouTube* (вы можете преобразовать видео в *mp3* аудио: *http://ytmp3.com/*).

ФОРМАЦИИ НЛО	МАНЁВРЫ НЛО

ЧАСТЬ ВТОРАЯ:

ГЛАВНЫЕ АСПЕКТЫ/ КАК/ ПРИСТУПАЕМ К ДЕЛУ

Объединение с остальными

Теперь, когда вы знаете все необходимые компоненты для контакта, вы готовы приступать к делу.

Вы можете проводить *СЕ-5* самостоятельно или в составе группы. Размер группы может варьироваться: в целом регулярно собирающиеся группы по всему миру насчитывают от 1 до 10 человек. В нашем списке почтовой рассылки всего 30 человек, и обычно вместе собираются от 7 до 9 человек за раз. Если ожидается чей-то особый гость из другого города, мы можем собрать от 30 до 40 человек. Я посещала лекцию по *СЕ-5* с последующим наблюдением, где размер группы почти доходил до 500 человек. Так что любое количество годится.

Вокруг есть множество увлечённых людей, которые хотели бы с вами пообщаться. Некоторые чувствуют себя изолированно, и им не терпится встретиться с вами и рассказать, как они пришли к своему мировоззрению. Это же замечательно — встретиться с единомышленниками в сегодняшнем разностороннем мире!

Скептически настроенные люди могут послужить отличным дополнением. Подлинный учёный должен быть скептичным И непредвзятым. Подлинный скептик скептически настроен ко всему, включая свой собственный взгляд на реальность. Он или она является сторонником научного процесса и готов(а) избавиться от устаревших парадигм в подходящий момент.

Некоторые люди, по-вашему явно принадлежат дурдому, могут выводить вас из себя. Но допустите, что и они могут быть в чём-то правы, и никогда не скидывайте со счетов чью-либо точку зрения или убеждение. Даже если вы на 99.9% уверены, что они не имеют представления о подлинной реальности, они абсолютно точно имеют представление о своей. Каждый имеет право на свою собственную реальность.

Если кто-то испытывает ЗНАЧИТЕЛЬНЫЙ страх перед инопланетянами, или если они настроены СУПЕР-скептически, им следует немного поработать над собой, прежде чем вы позволите им присоединиться к группе на специальных вылазках. К нашей группе никогда не пытался присоединиться кто-либо с чрезвычайным неприятием *СЕ-5*. Мы обнаружили, что негативно настроенные пара человек, присутствующие на *СЕ-5*, не обязательно влияют на остальных участников группы с положительным опытом. Люди засвидетельствуют индивидуальные или предназначенные для определённого круга явления. Однако очень важно, чтобы все остальные участники группы имели сильные вибрации, чтобы перебороть негативную атмосферу. Наши лучшие ночи были похожи на вечеринки — пока у вас больше тусовщиков, чем зануд, всё так и будет. Если вы как лидер не можете энергетически противостоять сварливости или

осуждению, вам следует исключить пессимистов до тех пор, пока вы не сможете успешно игнорировать низкие вибрации. Благословите этих людей. Довольно часто они в тайне желают, чтобы этот феномен оказался реальным так сильно, что не могут поделиться правдой. Перспектива оказаться одураченным и/или потерять свои надежды пугает.

Попытайтесь никого не исключать без крайней нужды. Их участие поможет как им самим, так и вам. Если вы хотите проводить звёздные наблюдения с постоянным костяком группы, организуйте особые вылазки только по приглашениям, чтобы никто не чувствовал себя исключённым во время главных ежемесячных встреч.

Где найти людей

ETLet'sTalk

- Отправляйтесь по ссылке http://www.etletstalk.com и нажмите *"Sign In/Sign Up"* (войти/зарегистрироваться)
- Нажмите *"Members"* (члены) слева и выберите *"Advanced Search"* (расширенный поиск)
- Под *"Location"* (местоположение), введите название города, потом прокрутите вниз и выберите *"Filter"* (фильтровать)
- Свяжитесь с людьми в вашем городе, чтобы собрать контактную информацию

ET Contact Network Map

- Отправляйтесь по ссылке http://www.etcontactnetwork.com
- Зарегистрируйтесь, чтобы получить доступ к карте
- Нажмите на каждый символ на карте, чтобы собрать имена и адреса электронных почт

Facebook

- Ищите *"CE-5"* и <Ваш Город>, например наша группа называется *"CE-5 Калгари"*

- Вступите во всемирную группу *CE-5*, коих существует несколько. Вы можете опубликовать пост на этих страницах на *Facebook*, чтобы найти людей в вашей местности.
    - *The CE-5 Initiative*
      https://www.facebook.com/groups/205824492783376/
    - *CE-5, UFO, SIRIUS: ETLetsTalk.com*
      https://www.facebook.com/groups/1593375944256413/
    - *CE-5 Universal Global Mission*
      https://www.facebook.com/groups/1827858540868714/

- Создать вашу собственную группу на *Facebook* очень легко! Мы сделали нашу группу закрытой, чтобы широкая публика не могла увидеть, что в ней размещается. В таком случае посты будут доступны только подтверждённым членам.

MeetUp

Создайте или найдите группу на сайте http://meetup.com — это замечательная платформа для взаимодействия. И нет, это не сайт для знакомств.

WhatsApp

У *CSETI* в Индии есть очень весёлый постоянный *WhatsApp* чат: +91 9874447669.

Другой способ

Отправляйтесь в свой местный "нью-эйдж" магазин или магазин кристаллов, чтобы поговорить с людьми, разместите публикацию или распространите флаеры. Или узнайте, заинтересован ли в этом кто-либо из астрономического клуба. Доктор Дж. Аллен Хайнек, астроном и исследователь НЛО, неформально изучая своих коллег, обнаружил, что около 10% астрономов видели что-то необъяснимое в небе, о чём они никому не рассказывали из-за страха быть осмеянными. Возможно, вы найдёте таких людей!

Выездные семинары

После возвращения с выездного семинара в самом очаге явления НЛО практический опыт нашей группы в родном городе многократно улучшился. Стоит отправится в отпуск, чтобы встретить новых друзей, расширить кругозор, увидеть НЛО и посетить новое место! Среди подходящих мест: гора Шаста в Северной Калифорнии, Джошуа-Три в Южной Калифорнии, гора Адамс в штате Вашингтон, Япония, Новая Зеландия.

- *ET Let's Talk* — зайдите по ссылке http://etletstalk.com/ и нажмите на *"Events"* (События), чтобы узнать, приближаются ли какие-либо выездные семинары.

- *Sirius Disclosure* — посетите https://www.siriusdisclosure.com и подпишитесь на почтовую рассылку.

- *ECETI* — зайдите на сайт http://www.eceti.org и запросите личное приглашение от Джеймса Гиллиланда, чтобы посетить "Ранчо".

- *Lyssa Royal Holt* — зайдите на сайт http://www.lyssaroyal.net/-schedule.html, чтобы узнать о приближающихся выездных семинарах — один из них ежегодно проходит в Японии летом.

- Rahma — зайдите на сайт http://www.sixtopazwells.com. Вам понадобится начальный уровень испанского языка.

- *Rahma* в Лос-Анджелесе — отправляйтесь на страницу на *Facebook "Mission Rahma"* (миссия "Рахма"), или узнайте по сарафанному радио в Лос-Анджелесе.

- *Gene Ang* — вы можете узнать о мероприятиях на http://www.geneang.com/www.geneang.com/Events.html.

- *CE-5 Aotearoa* — подпишитесь на почтовую рассылку на https://www.ce5.nz/events.

- *JCETI* — чтобы узнать о приближающихся мероприятиях, зайдите на сайт http://www.jceti.org/ (для японоговорящих) или http://www.ce5-japan.com (для англоговорящих).

В качестве альтернативного варианта вместо того, чтобы посетить официальный выездной семинар, свяжитесь с группами в месте вашего отдыха и присоединитесь к ним на одно из запланированных *CE-5*.

https://clipartxtra
s.com/

Управление группой

Сейчас вполне может быть самое захватывающее время для жизни за всю историю земли. Какую роль вы выберите?

Проведение регулярных ежемесячных встреч не требует больших временных затрат. Одна ночь = от 3 до 6 часов. Рассылка электронных приглашений займёт около часа—двух в месяц, включая ответы на индивидуальные электронные письма. В самом начале некоторые задачи будут периодически занимать дополнительные несколько часов: поиск людей для вашей группы, выбор оборудования, если необходимо, и выбор правильного стула. Вы можете вкладывать дополнительное время на рекреационные мероприятия, но это необязательно: чтение книг, более частое медитирование, посещение выездных семинаров, тестирование нового оборудования и так далее. Все эта деятельность запросто может занять у вас от 5 до 8 часов в месяц. Это всего лишь 1% от времени вашего бодрствования в месяц.

В нашей группе мы проводим ежемесячные встречи на протяжении всего года. У нас в Канаде довольно холодные зимы, так что, если температура опускается до минус 10 градусов по Цельсию, мы вместе перекусываем и медитируем в помещении, чтобы усилить единство группы и продолжить наш важный внутренний рост. Я рассылают электронные приглашения за неделю до мероприятия и иногда отправляю отчёт с приглашением на следующее после.

Вы можете выбрать любой день для проведения *CE-5* мероприятия. Многие люди синхронизируют свои *CE-5* ночи с одним из всемирных объединений:

- *Sirius Disclosure* — на сайте https://www.siriusdisclosure.com пролистайте страницу вниз, чтобы подписаться на рассылку напоминаний. Дата проведения всегда в первую субботу месяца, очень легко запомнить и запланировать.

- *ETLet'sTalk* — на сайте https://etletstalk.com/ зайдите в раздел *"Events"* (Мероприятия), чтобы увидеть приближающиеся даты или подписаться на рассылку, отправив электронное письмо на имя *Kosta* по адресу kosta@etletstalk.com. Эти числа всегда выпадают на ближайшую к новолунию субботу, когда небо самое тёмное. Мы синхронизируем наши ежемесячные встречи с расписанием *ET Let's Talk*, потому что предпочитаем собираться при насколько это возможно тёмном небе.

Выбор места

CE-5 может быть организовано в помещении, на вашем заднем дворе, в ближайшем парке или в удалённом месте. На всех этих локациях мы добивались внутренних и внешних результатов. Жители нашего города сообщали о выплывающих с их задних дворов сферах, НЛО в разгаре дня над дорожным движением и о трёхцветном огне размером с грузовик, перескакивающем через городские кварталы. На самом деле место вашего *CE-5* не так уж и важно; когда вы готовы — они придут к вам.

Тем не менее удалённые локации, как правило, приносят больше явлений. Среди преимуществ также бо́льшая темнота, потрясающее небо и то, что вы окружены тишиной, природой и спокойствием, находитесь дальше от огней воздушных судов людей и можете громко сигналить и кричать, когда увидите НЛО. (Уверена, что инопланетянам нравится видеть, как сильно мы радуемся!). В процессе поиска вашего места старайтесь оставаться вдали от линий электропередач, телефонных вышек или любых других объектов, которые могут внести помехи в работу вашего электронного оборудования или приближающееся судно пришельцев.

Вы также можете проверить, есть ли в вашей местности энергетические лей-линии, вихри или священные места. Мы не можем знать наверняка, способствуют ли подобные места значительной разнице в явлениях. Возможно, положительный результат создаёт вся энергия и возбуждение от планирования и путешествия. Нам посчастливилось жить в нескольких часах езды от главного узла Сетки Беккер-Хагенса — их не так много на суше в Северной Америке. Во время нашего удалённого *CE-5* там происходили некоторые очень интересные аномальные явления окружающей среды, и мы также сняли на камеру, которую всегда берём с собой, ещё больше энергетических огней и сфер.

Фламмарион, Неизвестный художник, 1888 год

Ваше первое *CE-5*

Итак, вы решили работать в одиночку или нашли группу людей! Замечательно. Вот небольшая краткая инструкция мероприятия. Помните — это все лишь руководство. Если вы знаете, что хотите делать, делайте это!

- Выберите дату и время.

- Создайте приблизительную программу мероприятий во время *CE-5*.

- Разошлите ваши приглашения и попросите ответить на них.

- Напомните всем принести очень тёплую одежду, спальные мешки, стул, фонарик.

- В дни, предшествующие мероприятию, проведите от одной до трёх медитаций либо всей группой в одном месте, либо удалённо в одно и то же время. Медитация также может проводиться индивидуально в любое время, если так удобнее. Во время этих медитаций установите личные и групповые намерения для *CE-5*.

- В день *CE-5* встретьтесь и выезжайте все вместе или соберитесь уже на окончательном месте.

- По приезду организуйте ваши стулья в обращённый внутрь круг, если небо чистое во всех направлениях. Используйте полукруг, если в одном месте собрались облака или вид закрывает гора или деревья.

- Пересмотрите программу, чтобы узнать, есть ли у кого-то пожелания, добавления или изменения. Создавайте это приключение все вместе по ходу дела — оно не должно быть идеальным!

- Вместе с группой обозначьте чёткое намерение.

- Проведите одну медитацию с закрытыми глазами, чтобы по-настоящему соединиться с единым сознанием.

- Продолжайте следовать вашей программе и вносите изменения, если необходимо. (См. раздел "Образцы планирования" для возможных идей).

- Поощряйте людей говорить, если они что-либо видят или испытывают — часто люди стесняются сказать об увиденном, потому что едва ли верят своим глазам. Попросите людей высказываться, даже если они не уверены; в реальности может быть, что кто-то ещё видел или почувствовал то же самое! Тогда группа может наблюдать за этой частью неба, чтобы не пропустить, если там произойдёт что-то ещё.

- Следите за желанием группы и за атмосферой — всем ли тепло, все ли счастливы и принимают участие?

- Сохраняйте чувство благодарности за опыт и рост, даже если вы не знаете о том, что произошло, или ничего не видели. Основываясь на нашем опыте, мы верим, что инопланетяне находятся рядом в радостном ожидании вашего роста, даже если вы не можете их воспринять!

- Заканчивая встречу, не забудьте попросить о явлениях во время сна, о росте и явлениях, которые могут произойти в последующие дни или даже по дороге домой.

- После *CE-5* вы можете отправить отчёт всей группе и, если захотите, загрузить отчёт на один или несколько сайтов для взаимодействия (*Facebook, ETLet'sTalk*).

Мы верим, что, если вы добросовестно следуете трём ключевым элементам, обозначенным выше (1. Связь с единым сознанием, 2. Чистые помыслы, 3. Благие намерения), вы засвидетельствуете явление в пределах шести вылазок.

Что взять с собой

- Стул или одеяло

- Спальный мешок

- Медитации (могут быть на телефоне и на динамике, в книге, или вы можете взять с собой этот справочник или придумайте свою медитацию)

- Фонарик

- Лазерная указка (если разрешено законом, и УБЕДИТЕСЬ, что вы прочитали раздел "Лазерные указки").

- Перчатки, шапки, зимнее пальто и так далее

Для более длительных и более удалённых *СЕ-5* включите в список:

- Еду, воду

- Туалетную бумагу

Ориентация

Чтобы легче объяснять друг другу, в каком направлении нужно смотреть, очень полезно знать, как обращаться с небом. Вместо того, чтобы кричать "Эй, вон там что-то есть!" и указывать невидимым пальцем в темноту, мы можем сказать: "Посмотри к югу от ручки большого ковша" или "Северо-северо-восток 30 градусов вверх от горизонта". Спасибо нашему анонимному источнику за это изящное введение в астрономию:

Когда вы прибудете на место, ориентируйте членов вашей группы по сторонам света (компасу), основным системам измерений и по местоположению некоторых созвездий, звёзд и планет.

- Обозначьте север, восток, юг, запад и зенит (наивысшая точка прямо над вами). По возможности обозначьте каждую сторону каким-либо объектом. Если поблизости нет ничего подходящего, используйте для этого людей из круга.

- Определите "горизонтальные координаты" небесных тел, используя астрономическую систему "высоты и азимута".

- "Высота" измеряет угол видимого возвышения объекта (или изогнутой высоты) на небесной сфере (небесном куполе) относительно наблюдающего (вашей группы).

- 0° является горизонтом на плоской равнине. 90° является зенитом. Таким образом, половина пути вверх от плоского горизонта к небесному зениту составит 45°. Треть составит 30°, две трети — 60° и так далее.

- Многие замечают, что их кулак, удерживаемый на расстоянии вытянутой руки, примерно составляет 10°, или расстояние от большого пальца руки к мизинцу на вытянутых пальцах примерно равняется 20°. Поэкспериментируйте с добавлением этих расчётов от горизонта к зениту, чтобы определить, будут ли они вам полезны. Или просто проверьте известную высоту объектов в диаграмме или приложении.

- "Азимут" измеряет стороны света (север, восток, юг и запад) по шкале от 0 до 360 градусов. Однако простого указания направлений (например, "северо-северо-восток") должно быть достаточно.

- Оценивайте яркость небесных тел, используя астрономическую систему "видимой звёздной величины".

- "Звёздная величина", или яркость звёзд была впервые описана древними греками по шкале от одного (для ярчайшей) до шести (для самой тусклой).

- В девятнадцатом веке современные астрономы официально оформили систему по логарифмической шкале, расширили шкалу ниже одного и выше шести и сделали Вегу её нулевой точкой (Вега является чрезвычайно яркой звездой, видимой в северном полушарии на протяжении большей части года).

- Слово "видимая" было добавлено из-за осознания того, что яркость больше зависит от расстояния звезды от Земли. Отдельное измерение, называемое "абсолютная величина", описывает яркость каждой звезды, наблюдаемой с заданного расстояния.

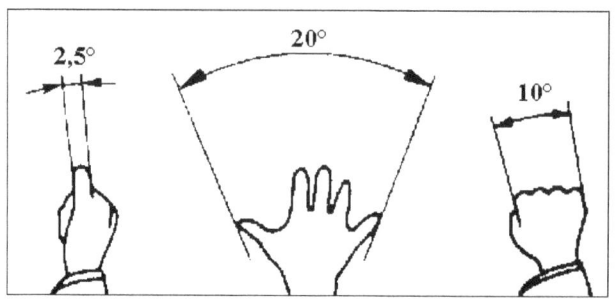

Примеры видимой звёздной величины

−5 Венера (max)

    −3 Марс (max), Юпитер (max), Венера (min)

    −2 Юпитер (min)

    −1 Сириус

     0 Арктут, Капелла, Процион, Ригель, Сатурн, Вега, Меркурий (max)

     1 Альдебаран, Альтаир, Антарес, Бетельгейзе, Денеб, Фомальгаут, Поллукс, Регул, Спика

     2 Марс (min), Полярная звезда

     3 галактика Андромеды

     4 Хи Ориона

     5 Мю Кассиопеи, Си Боэтис

     6 Меркурий (min)

Проведите небольшую экскурсию по самым узнаваемым созвездиям, звёздам и планетам. Если вы не знакомы с этой темой, используйте диаграмму или приложение, предпочтительно одной—двумя ночами ранее. Рассмотрите возможность подписаться на еженедельный подкаст о наблюдении за звёздами или посетите ваш местный планетарий или клуб астрономов. На сайте http://www.skymaps.com вы можете легко и бесплатно скачать ежемесячные звёздные карты. Их очень легко распространить среди членов вашей контактной команды. Вас удивит, насколько узнаваемыми станут небесные узоры.

Вирго, Уна Скотт, Copyright 2017

Ведение журнала

По желанию вы можете вести журнал или писать краткие отчёты во время или после мероприятия. Человеческая память довольно слаба, и вы можете захотеть подтвердить, кто что точно видел, прежде чем ваша память сотрётся и/или изменит произошедшее. Это также позволит увидеть тенденцию в явлениях по мере их учащения. Если позволяет время, некоторые группы подводят итоги сразу после события (или на следующий день), чтобы обсудить полевую работу и поделиться ощущениями, пока всё ещё свежо в памяти. Хорошей идеей может быть записать встречу на камеру и позже включить в журнал написанный краткий отчёт.

Мы ведём наши журналы довольно неформально. Мы записываем что-либо из перечисленного или всё сразу:

- Дату
- Время
- Кто что увидел
- Где это произошло
- Описание того, что это было

Иногда мы просто записываем основные моменты. Если вы записываете каждый предполагаемый спутник или стрикер, вы можете устать от этого, если в эту ночь много всего происходит. С другой стороны, было бы здорово пересчитать их всех позже.

Если вы используете бумагу, вы можете купить "ручку пилота" с красным огоньком на конце, которая будет ненавязчивым источником света для использования в темноте. ~$5 за каждую на *Amazon*.

Печатайте на своём телефоне. Установите на него красный фильтр, чтобы сохранить ночное видение. Для *iPhone* следуйте этим инструкциям: https://www.skyandtelescope.com/observing/stargazers-corner/red-light-filter-for-iphone/. Для *Android* попробуйте приложение *"Twilight"*.

Подойдёт и маленький цифровой диктофон. Небольшие популярные диктофоны изготавливает компания *Olympus*.

Снаряжение

Стул или одеяло и подушка

Принесите что-нибудь для сидения. Мой любимый стул — это складывающийся шезлонг половинной высоты, который откидывается назад так, что вы можете по-настоящему расслабиться и увидеть много неба. Они довольно лёгкие, и вы можете найти модели с рюкзачными ремнями и карманами на молнии для оборудования. Очень сподручно! Другие члены нашей группы используют антигравитационные стулья, которые ещё более удобны и прослужат вам целую вечность, однако они тяжёлые. Обычный газонный шезлонг или походный стул отлично подойдут. Одеяло — тоже неплохой вариант.

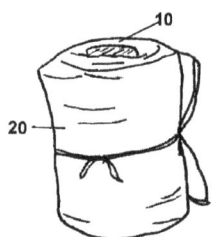

Спальный мешок

Спальные мешки намного теплее одеяла. Даже в самый жаркий летний день температура может стремительно упасть. Имейте в виду, что без движения вам будет намного холоднее, чем обычно. Мы так обожаем уютно устраиваться в наших спальных мешках, что могли бы так и уснуть.

Тёплая одежда

Надевайте вашу полную зимнюю экипировку: тяжёлую утеплённую верхнюю одежду, как, например, пуховик неживотного происхождения, зимние штаны, длинные брюки или легинсы под штанами, перчатки/варежки, в которых удобно работать с приборами, *ток* и так далее. (Ток, от англ. *toque*, — это канадское слово для вязаной зимней шапки).

Фонарик

Очень удобно иметь с собой налобный фонарь. В противном случае используйте для перемещения фонарик или ваш телефон. Желательно использовать красный свет. Астрономы используют красный свет во время своих звёздных вечеринок, чтобы сохранить ночное видение.

Средство против насекомых

Кажется, инопланетяне не очень-то влияют на комаров, которые могут испортить *CE-5*, если вы не относитесь к этому с чувством юмора. Не забудьте взять с собой средство от насекомых, натуральное или нет, и тогда вы будете в порядке.

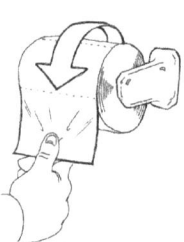

Туалетная бумага

Для естественных перерывов во время удалённых *CE-5*.

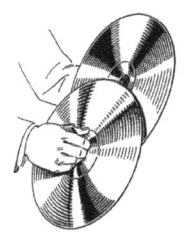

Инструменты

Поющие чаши, диджериду, колокольчики, музыкальные подвески и так далее.

Священные штуки

Кристаллы или другие важные личные предметы. Вы можете разместить их в середине стола в центре круга.

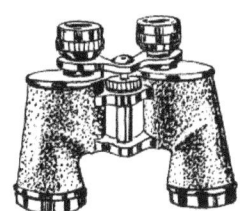

Бинокль

Чтобы распознавать формы близких НЛО. Возьмите лёгкий бинокль или поместите тяжёлый на штатив. Бинокль со стабилизацией изображения — замечательная вещь, но стоит дороже.

Бинокль/очки/монокуляр ночного видения

Не обязательны к приобретению, но практически все хотят ими обзавестись. С ними вы сможете увидеть сферы и другие феномены. Мой друг благодаря им увидел маленькое крылатое существо, подлетающее к нему, после чего закричал: "Я только что увидел ё@#%*# фею!" (Правила приличия на выезде часто забываются, когда чья-то реальность полностью взрывается). Самые лучшие — это военного образца, также известные как *Gen 3*. Стоят тысячи долларов. Цифровые разновидности обойдутся в меньшую сумму. Выбирайте лёгкие очки ночного видения и подумайте об удобстве носить их на голове с помощью резинки. Многие приборы ночного видения способны осуществлять фото- и видеосъёмку: конкретные рекомендации см. в разделе "Видеокамеры ночного видения".

Устройства и динамики для проигрывания медитаций/тональностей кругов на полях/песен

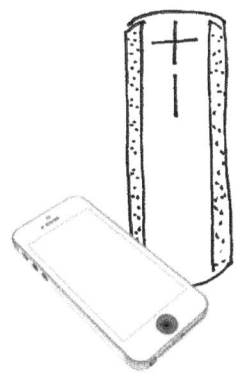

Для проигрывания звуковых файлов мы используем наши телефоны. Вы также можете использовать специальный музыкальный проигрыватель. У меня ещё есть потрясающий динамик *Boom 2*, но он и потрясающе дорогой ($300). По-моему, он того стоит; это одно из моих любимых владений. Лёгкий способ раздобыть медитации или песни — это найти их на *YouTube*, скопировать *URL*, потом отправиться на сайт, который трансформирует файлы *YouTube* в *mp3*, коих существует немало. Скачайте только что созданный *mp3* файл в библиотеку на вашем компьютере и после синхронизируйте её с вашим телефоном.

НЕ ИСПОЛЬЗУЙТЕ ЛАЗЕРНУЮ УКАЗКУ

(Если не прочитали эти страницы очень, очень внимательно...)

Лазерные указки полезны, и ими весело пользоваться, но в то же время они могут представлять серьёзную опасность. Вы ДОЛЖНЫ быть чрезвычайно осторожны. Временное или постоянное повреждение глаз — это реальная опасность. У вас есть три варианта:

1. Поручите только одному или двум опытным и чрезвычайно осторожным людям использовать мощные лазеры (свыше $5mW$). Такой вариант **едва ли** рекомендован; даже эксперт, знающий о реальной опасности лазерных указок, может совершить ошибку.

2. Разрешите использование мощных лазеров с обязательным ношением защитных очков всем членам группы. (Это может сократить возможность видеть звёзды/огни в темноте. Мы этого не пробовали). Часто переносные лазеры продаются в комплекте с защитными очками, но они слишком тёмные. См. внизу.

3. Самый просто вариант — это взять за правило группы включать лазеры на не более, чем $5mW$ (mW = милливатты), и отказаться от очков. Лазер ГАРАНТИРОВАННОЙ мощностью $5mW$ или меньше не нанесёт биологического вреда. Да, такие лазерные указки довольно тусклые. Вы не станете самым зрелищным артистом на сцене, но они более чем подходят для тёмных условий. Подробнее о необходимости гарантии:

Покупайте ТОЛЬКО у продавцов, гарантирующих измеренный оптический результат!!! Исследование 2013 года показало, что мощность 90% лазерных указок является выше обозначенной. Лазерные указки легко могут оказаться и слабее обозначенного. Дешёвые лазерные указки не имеют стабильного энергоснабжения, поэтому не могут быть надёжно протестированы. И вообще вам не следует покупать дешёвую лазерную указку, потому что такие могут не иметь инфракрасного фильтра, что, если не вдаваться в сложные технические подробности, более рискованно использовать вблизи отражающих поверхностей. Что касается цвета, выбирайте зелёный (532нм). Такая длина волны лучше всего подходит для адаптированного к темноте глаза и кажется в 35 раз ярче, чем красные лазеры такой же мощности.

НИКОГДА не направляйте указку на самолёт или вертолёт, или что-то, что может быть человеческим судном! Это федеральное преступление: штраф в $100,000 и/или 5 лет тюрьмы в Канаде. В США вы можете получить штраф свыше $250,000 и/или тюремное наказание до 25 лет. Конечно же вы не хотите получить наказание, но чего вы на самом деле не хотите, так это ослепить пилота. На этой ноте, направляя лазерную указку на НЛО, нарисуйте вокруг него огромный круг (или цельтесь в сторону от него). Не указывайте прямо на него, даже если вы абсолютно уверены, что это не человеческое судно. У инопланетян тоже есть глаза. Может быть.

Защитные очки:
Мы никогда не использовали защитные очки, но если вы хотите их попробовать, вам будут нужны очки, специально подобранные для цвета и мощности лазерной указки и подходящие для использования ночью. На этой странице вы найдёте полезные отзывы о защитных очках для лётчиков (в противоположность лаборантам):
http://www.laserpointersafety.com/laserglasses/laserglasses.html Варианты на странице включают в себя: *Laser-Gard* от *Sperian* ($99 *USD*) и *Flash Fighters* ($239 *USD*).

Известные продавцы лазерных указок:

Zbolt   http://www.z-bolt.com/
- *"Constant On/Off Green Laser Pointer"* (зелёная лазерная указка с постоянным включением/выключением) $48 *USD*, батарейки AAA, гарантированная мощность между 4mW и 5mW.
- *"Astronomy Green Laser"* (астрономический зелёный лазер) $58 *USD*, батарейки CR123A. (Это литиевые батарейки, они лучше работают на холоде, чем алкалиновые). Гарантированная мощность между 4mW и 5mW.

Laserglow   https://www.laserglow.com
- *"Anser Series"* 5mW 532нм $39 *USD*, батарейки AAA, гарантированная мощность между 3mW и 5mW. Если вы попросите в комментарии к заказу, они могут специально подобрать для вас указку мощностью между 4.5mW и 5mW.
- Они также продают защитные очки и рекомендуют модель для пилотов *Glareshield* для использования в темноте. "AGS5323PX" здесь: https://www.laserglow.com/AGS.

Laser Points http://www.laserpoints.com
- *"SKY 5mW 532nm Green Laser Pointer Pen*" (зелёная лазерная ручка-указка) $39.99 *USD*, батарейки AAA. Размещая заказ, попросите их проверить, чтобы мощность указки была между 4mW и 5mW, и установить инфракрасный фильтр.

Laser Classroom http://store.laserclassroom.com/
- *"Classroom Green Laser Pointer"* (зелёная лазерная указка) $35 *USD*, батарейки AAA. Они утверждают, что могут гарантировать мощность между 3mW и 5mW. Уточните это при заказе.
- На этом сайте также продаётся классный голографический проектор для вашего мобильного телефона всего за $15.

Безопасное использование

А теперь давайте рассмотрим, насколько это удобно — использовать лазерную указку! И к тому же весело.
- Покажите группе стороны света: север, юг, восток, запад.
- Используйте её, чтобы указывать на небесные объекты, звёзды, созвездия, планеты и так далее, как астрономы на звёздной вечеринке.
- Лазерные указки хороши, чтобы указывать на аномалии в ночном небе, как, например, направление фотовспышки, трудноразличимые маленькие предполагаемые спутники и так далее.
- В первоначальном протоколе *CSETI* лазерные указки используются для обозначения точного местоположения группы: "МЫ ЗДЕСЬ!" Чтобы это сделать, нарисуйте в ночном небе разборчивый узор — треугольник, круг или символ бесконечности. Вы также можете мигнуть лазерной указкой по одному разу на каждое слово: Мы – Здесь. Выполняйте это в начале и время от времени в процессе полевых работ. Показывать ваше местоположение инопланетянам весело, но излишне: они знают, где вы находитесь.
- Вы можете подать сигнал НЛО, если вы уверены, что это не земное судно (для перестраховки светите в сторону). Используйте простую последовательную закономерность (например, три коротких сигнала). Если вы получили ответный сигнал — посигнальте в ответ. Поздравляем, вы только что достигли "сцепления" с кораблём! Потом вы можете указать на выбранное заранее место приземления, где вы бы хотели посадить корабль, если вам так сильно повезёт.
- Совет: Лазерные указки, работающие на тоненьких батарейках AAA, могут охлаждаться. Нагрейте указку в руках, чтобы улучшить её работу.

Приложения

Существует несколько полезных мобильных приложения для *iOS* и *Android*, которые могут поспособствовать вашей контактной работе. Некоторые приложения также могут помочь исключить человеческое судно/объект в небе. По возможности попробуйте найти приложения, которые не требуют связи с Интернетом, и в таком случае попросите всех поставить свои телефоны в режим полёта во время полевых работ, чтобы минимизировать электромагнетическое вмешательство работающих приборов (подробнее о них внизу). Внизу вы найдёте разные приложения для каждой категории. (С развитием технологий приложения появляются и исчезают, но мы очень постараемся порекомендовать вам несколько для начала. Если вы найдёте что-то получше, расскажите нам!). Многие, судя по всему, дают вам попробовать демо-версию перед покупкой, чтобы вы могли понять, нравится ли вам это приложение. И хотя многие из них бесплатные, вам, возможно, придётся немного заплатить за более изощрённые приложения или за приобретение дополнительных функций. Проверяйте отзывы.

Спутниковый маячок

Чтобы облегчить идентификацию объектов, найдите приложение для отслеживания спутников, которое показывает название спутника в реальном времени, когда вы на него показываете. Некоторые спутниковые приложения подключены к базе данных, поэтому вам может потребоваться доступ к Интернету; но некоторые приложения такого не требуют. Имейте в виду, что военные или разведывательные спутники скорее всего не отобразятся. Попробуйте: *SkySafari 5 (iOS/Android)*, *Sky Guide AR (iOS)*, *Stellarium Mobile (iOS/Android)*.

Отслеживатель самолётов

Эти приложения показывают, какие зарегистрированные самолёты летают рядом с вами, включая их маршрут, место отправления, направление, тип судна и высоту и так далее. Но по очевидным причинам безопасности они не покажут военное судно, так что вы не увидите самолёты-разведчики, реактивные истребители или самолёт президента! Попробуйте: *FlightRadar24 (iOS/Android)*, *Plane Finder-Flight Tracker (iOS)*, *Planes Live (iOS)*.

Вспыхивающий трекер *Iridium*: в прошлом увлекательный, в настоящем несуществующий

Иридиевые вспышки, к сожалению, ушли в прошлое. Первое поколение этих спутников, впервые запущенных в 1997 году, было оснащено зеркальными антеннами, размером с дверь, которые были идеально расположены, чтобы ярко вспыхивать в ночном небе в мгновение, когда от них отражалось солнце. Второе поколение под названием *"Iridium NEXT"* имеет новый дизайн и по идее не должно вспыхивать. Вы всё ещё *можете* увидеть маленькую вспышку, однако спутники не контролируются так пристально, как прежде, поэтому вычисления не будут соответствовать точно определённому времени. Новое поколение уже вовсю используется. Поэтому, если у вас уже установлено это приложение, вы можете его пока удалить до поступления новой информации.

Приложение созвездий

Познакомьтесь с созвездиями, планетами и звёздами. Некоторые приложения вдобавок показывают местонахождения телескопа Хаббл и Международной космической станции (МКС). Вы знали, что Международная космическая станция — это исследовательская лаборатория, в которой в любой момент времени находятся от 3 до 10 человек из разных стран? Её посетили астронавты, космонавты и космические туристы из 17 разных стран. На ней постоянно кто-то находится с ноября 2000 года. Попробуйте: *SkyView Free (iOS/Android)*, *Sky Map (Android)*, *Sky Walk 2 (iOS/Android)*, *Night Sky (iOS)*, *Night Sky Lite (Android)*, *Stellarium Mobile (iOS/Android)*, *Sky Guide AR (iOS)*, *Sky Rover (iOS)*.

Карта светового загрязнения

Отлично подходит для поиска тёмного места, относительно не подвергшегося световому загрязнению. Мы все ведь хотим увидеть большую часть Млечного Пути, не так ли? Попробуйте: *Light Pollution Map (iOS/ Android), Dark Sky Finder (iOS), Dark Sky Map (Android), Scope Nights (iOS)*.

Прогноз погоды/Состояние неба

Надёжные прогнозы погоды для астрономов с акцентом на облачность. Попробуйте: *Weather Underground (iOS/Android), Clear Outside (iOS/Android), Astro Panel (Android), Scope Nights (iOS)*.

Цифровой диктофон

Для записи вашей полевой работы, встреч или просто для фиксирования заметок. Попробуйте: *Smart Recorder (iOS, Android), iTalk Recorder (iOS)*.

ET Contact Tool

Это разработанное *CSETI* приложение содержит в себе медитации, тональности кругов на полях, магнитометр, компас и инструкции использования и проведения полевой работы в целом. *(iOS/Android)*

ESP Trainer

Это приложение разработано *NASA* совместно со Стэнфордским исследовательским институтом. Его целью является расширения ваших физических возможностей. В годовом эксперименте *NASA* 145 испытуемых улучшили свои показатели, включая 4-ёх человек, улучшивших свои показатели на уровне сто к одному или выше. Если вы постоянно набираете 12 или больше, напишите разработчику: http://www.dojopsi.com/contactrussell.cfm *(iOS)*

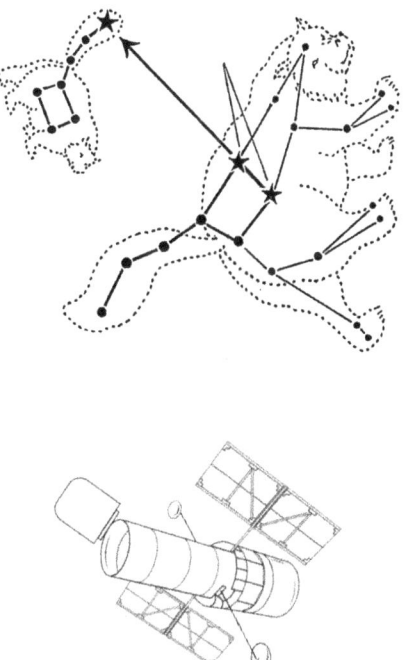

Телескоп Хаббл

Изображение взято:
http://www.supercoloring.com/coloring-
pages/hubble-space-telescope

Спутник

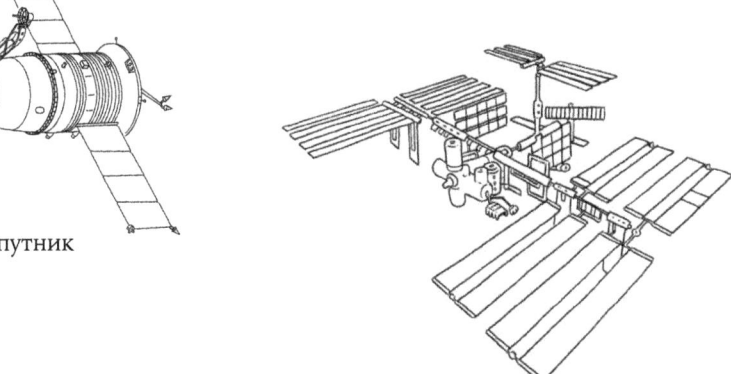

Международная космическая станция

Устройства приёма посланий

Наша группа не слишком технически грамотная. Большую часть информации внизу нам предоставила наша технически подкованная наставница Деб Уоррен из Вернона, Британская Колумбия, которая занимается *CE-5* уже много лет.

Многие люди, занимающиеся *CE-5*, используют различные гаджеты для получения посланий от инопланетян. Всё, что нужно сделать с этими приспособлениями, — это включить, при необходимости подправить некоторые настройки и потом ожидать звукового сигнала или биканья или чего-то ещё. Эти приборы не могут подать сигнал сами по себе. Им требуется какое-либо внешнее устройство ввода, чтобы ответить. Обдумайте это. Никакие настройки удалённого доступа не могут заставить эти приборы звучать. Спросите у эксперта по электромагнитным наукам.

- При использовании оборудования выключите ваши мобильные телефоны и любые телевизоры поблизости.
- Активность устройства иногда будет совпадать с явлениями.
- Расшифровка сигнала инопланетян:
  - Один "бип" = нет (или тишина для счётчика Гейгера)
  - "бип бип" = да
  - "бип бип бип" = "Мы здесь"

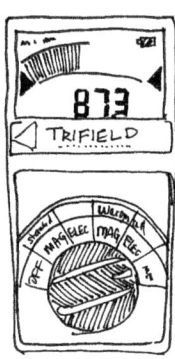

ЭДС-метр $21 - $245 *USD*

ЭДС-метр (также известный как магнитометр или *Trifield*-метр) распознаёт поля, излучаемые электрически заряженными объектами. В повседневной жизни ЭДС-метр используется для диагностики проблем с электропроводами, линиями электропередач и эффективности электрических ограждений. Так что, если такое прибор зазвучит вдали от цивилизации… то это странно.

Trifield-метр *100XE* от *AlphaLab Inc.* являлся стандартным для многих *CE-5* групп. У *AlphaLab* сейчас появилась новая модель *TF2*: https://www.trifield.com/product/trifield-emf-meter/ $168 *USD*. Новая модель "бикает", а не "поёт". Если вы предпочитаете аналоговый звук и ищете старую модель, то подтвердите у продавца, что покупаемая вами модель оснащена звуком, так как это была дополнительная функция. (У измерительного прибора со звуком справа есть "втапливаемая" кнопка). Если повезёт, вы можете найти прибор с красной лампочкой, что очень практично для считывания посланий в темноте. Новая модель не располагает красной лампочкой. Если вам кажется, что такое дополнение могло бы улучшить прибор, скажите об этом при заказе — производитель очень отзывчив и уже улучшил уровни звука для *TF2* с момента первого производства.

Настройте старую модель на *"Magnetic Setting 0 to 3 Range"* и новую на *"Weighted Magnetic"*. Прибор распознаёт человеческие магнитные поля, поэтому убедитесь, что он настроен на достаточно низком уровне, чтобы не распознать людей поблизости. Установите достаточно низкий уровень так, чтобы прибор издавал звук, когда вы подносите к нему руку. Потом отойдите от него. Если после этого прибор издаёт звук без малейшего прикосновения, это свидетельствует об аномальном изменении магнитного поля. Вы можете проверить своё устройство, поставив его на беззвучный режим и приблизившись с ним к электронному прибору, например к розетке, телевизору или микроволновке.

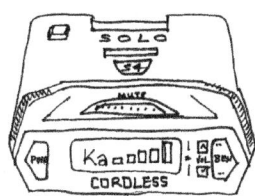

Портативный радар-детектор $70 - $300 *USD*

Подойдёт любой автомобильный радар-детектор. Передачи инопланетян издают хорошо различимый отчётливый звук, не похожий на сигнал, издаваемый, когда вы превышаете скорость на шоссе. Установите его на шоссе (повышенная чувствительность) или город (пониженная чувствительность). Если у вас больше двух детекторов, проверьте заранее, не влияют ли они друг на друга. Не направляйте их линзы друг на друга во время полевой работы, так как это может вызвать ложный положительный результат. Попробуйте модель *S4*: https://www.escortradar.com/solos4/. Или попробуйте http://www.radarsource.com.

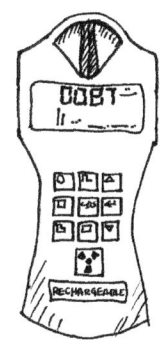

Счётчик Гейгера от *Gamma Scout* $100 - 440 *USD*

Хорошо подходит для распознания радиоактивного излучения и невидимого инопланетного корабля или следов приземления. Инопланетяне могут его использовать и в целях коммуникации. В процессе работы прибор будет периодически чирикать, но для ответа "Да" издаст двойное чириканье, а для "Нет" полностью затихнет. Перезаряжающаяся версия нуждается в подзарядке всего раз в три года. https://www.gammascout.com/collections/geiger-counters

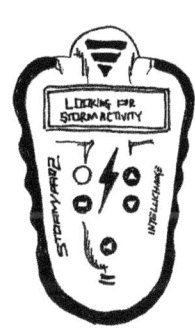

Портативный детектор молний: $26 - $499 *USD*

Датчик шторма обычно используется для обнаружения ударов молнии на расстоянии до 50м. Если прибор неожиданно распознаёт удар молнии, это может на самом деле означать, что судно инопланетян внезапно появилось, испуская мощный электрический разряд. В апреле 2012 года во время тренинга на острове Марко во Флориде Деб Уоррен увидела беззвучную шаровую молнию на расстоянии нескольких миль, но датчик шторма не подал никакого сигнала. Следующей ночью там прошла гроза, начавшаяся в 25 милях от того места и после оказавшаяся всего лишь в одной миле, при этом датчик шторма издавал пиканье при каждом ударе молнии. В первую ночь инопланетяне во что-то вмешались и для сравнения позволили настоящему шторму пройти следующей ночью. Где купить: https://www.ambientweather.com/sptb2iy.html

Цифровой уличный термометр: $12.99 *USD* и выше

Следит за температурой воздуха и уровнем влажности во время полевой работы. Если температура воздуха внезапно поднимается, это может говорить о том, что инопланетный корабль парит в воздухе прямо над вами; даже круче — группа может находиться *внутри* дематериализованного судна. Можно найти где угодно.

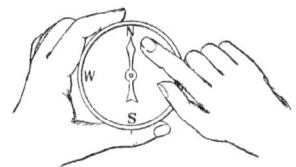

Компас ~$10 и выше

Можно использовать простой компас. Под воздействием он начнёт показывать на юг вместо севера.

Устройства для записи явлений

Знаете ли вы, почему большинство видеозаписей с НЛО нечёткие, размытые, нестабилизированные, неполные и так далее? Потому записать НЛО на камеру чертовски сложно, вот почему. Середина ночи, вы ничего не видите, на вас надеты перчатки, вы забыли, на какую кнопку нужно нажимать, и вы даже не можете поймать НЛО в видоискатель. Когда вы наконец-то поймали его, у вас не получается удерживать его в кадре, потому что вы невероятно взволнованы или потому что ваша камера приближает так сильно, что вы будто смотрите через микроскоп на молниеносную небесную амёбу. Как только НЛО пропадает из кадра (потому что камера трясётся у вас в руках или вы теряетесь, пытаясь взглянуть на НЛО своими глазами, чтобы лично засвидетельствовать явление), вы заново должны его отыскать. Лично я оставила попытки записывать видео и одновременно управлять группой; это слишком сложно. Если вы так же, как я, сбиваетесь с толку, поручите съёмку другому человеку, назначьте соруководителя группы, или разработайте групповую динамику, которая позволит вам подольше повозиться с оборудованием.

Видеокамеры ночного видения

Luna LN-DM50-HRSD ~$400 USD

- Эта модель есть у нашей группы. Очень сподручно иметь ночное видение и видеорегистратор в одном устройстве, но изображение сильно увеличено, поэтому можно записать только маленькую часть неба. Использовать это устройство — всё равно что светить фонариком в один глаз, так что постоянно переключаться с наблюдения за небом на документирование довольно затруднительно. http://www.lunaoptics.com/dm50hrsd.html

Bushnell Equinox Z ~$340 USD

- Монокуляр ночного видения с фото-/видеосъёмкой. Заряд батареек держится недолго, но внешний аккумулятор типа *Limefuel Blast L60X* за $30 позволит прибору работать долгие часы. http://www.bushnell.com/hunting/outdoor-technology/night-vision/6x-50mm-equinox-z

Digiforce X970 ~$760 USD

- Это новейшее предложение от производителя *Pulsar*. Фото-/видеосъёмка. Включает в себя прицел с дальномером. Мы не знаем, что это означает, но звучит здорово. http://pulsarnv.com/sku=PL78099

iGen 20/20 ~$399 USD

- Эта камера подойдёт для широкого обзора. Хотя она и менее чувствительна, чем вышеуказанная *X970*, объектив *iGen* имеет резьбу, так что на него можно надеть телефото или широкоугольный конвертер. http://www.nightowloptics.com/index.php (Нажмите на "*iGen*" справа)

Ranger RT ~ $900 USD
- Мы слышали хорошие отзывы о *Yukon Ranger Pro*, но модель больше не производится. Если вы не можете найти её в секонд хенде, изучите другие приборы ночного видения серии *Ranger*, продаваемые в *Yukon Optics*. http://yukonopticsglobal.com/products/

Инфракрасная камера $100 *USD* и выше

Вы можете купить дешёвую инфракрасную камеру *Bell and Howell* на *Amazon* или *eBay*. Работает хорошо. Ищите: "*Bell Howell IR Night Vision Camera*"

Традиционная камера

- Вы можете использовать вашу обычную камеру для фото- и видеосъёмки НЛО. Для лучших результатов используйте камеру с высоким *ISO*.

- Однажды я сделала несколько снимков неба, пытаясь выяснить, двигается ли одна из звёзд, на которую я смотрела, кругами по отношению ко мне. Мне так и не удалось выяснить, был ли это плод моего воображения, потому что после того, как я загрузила фотографии на компьютер, меня намного больше заинтересовало яркое красно-белое НЛО, магическим образом возникшее в кадре. Я использовала свою "мыльницу" *SONY Rx 100 iii, Max ISO 128,000*.

- Наша наставница в *CE-5* Деб Уоррен добилась хороших результатов со своей камерой *Canon D5 Mark 2 ISO 25,000*. Чтобы посмотреть на образцы её фотографий, загуглите: *"CSETI Joshua Tree jewel-like ET Craft"*.

- Знаменитое видео *Vero Beach Twin Ships* (корабли-близнецы в Веро-Бич) было снято на *Sony A7S*. Эта серия камер обладает поразительной способностью работы при низкой освещённости, *ISO* от 100,00 до 400,000.

Специальная камера для съёмки сфер:

Если вы специализируетесь на съёмке активности сфер, лучше всего для вас подойдут старые цифровые камеры без "горячего зеркала" (инфракрасных фильтров). Используйте вспышку. В книге *The Orb Project* ("Проект Сфера") исследователи использовали *Pentax Optio 330* и *Nikon Coopix 8800*. Кто-то в нашей группе очень успешно пользуется *Canon PowerShot sd1100IS*. Для советов по фотографированию сфер зайдите на сайт: https://orbwhisperer.com/orb-photography-tips.

Инфракрасный свет $15 – 30 *USD*

Использование простого инфракрасного света ночью поможет вам лучше рассмотреть сферы, когда вы применяете ваши очки/камеру ночного видения или вашу обычную камеру или видеорегистратор.

Как сфотографировать феномен

Некоторые феномены проявляются на фотографиях после съёмки и будут невидимы в её процессе. Для этого сгодится любая камера. Инструкции:

- Сформулируйте намерение запечатлеть нефизический феномен и/или НЛО.

- Лучше всего делать это в сумерках.

- Медитируйте, сфокусируйтесь на общении, почувствуйте движение энергии.

- Потом сфотографируйте произвольные участки неба.

- Если вы находитесь в помещении, попытайтесь сделать снимки тускло освещённой комнаты со вспышкой. Цельтесь на углы и на не белый фон, так как их будет легче увидеть при пересмотре.

- Считается, что конкретная камера может подстроиться под ваше намерение, и чем больше вы будете её использовать с определённой целью, тем больше явлений она будет запечатлевать.

Фото

Вот несколько фотографий, сделанных членами нашей группы и некоторыми соавторами этого справочника:

Две аномальные серые фигуры, район Калгари, ноябрь 2016.

Аномальная энергия, не видимая глазом,
озеро Мотосу, Япония, 21 марта 2015 года.

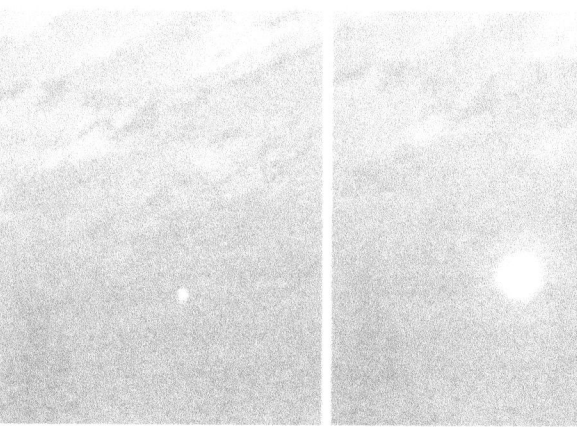

Мигающий свет на горе Адамс до и после вспышки. К этому месту не ведут дороги. Яркость также была аномальной. *ECETI*, штат Вашингтон, май 2018 года. (Заметка: приборы ночного видения, как, например, монокуляр *Luna Optics*, использовавшийся для этой съёмки, записывают вспышки и зажигания ярче, чем они для нас выглядят).

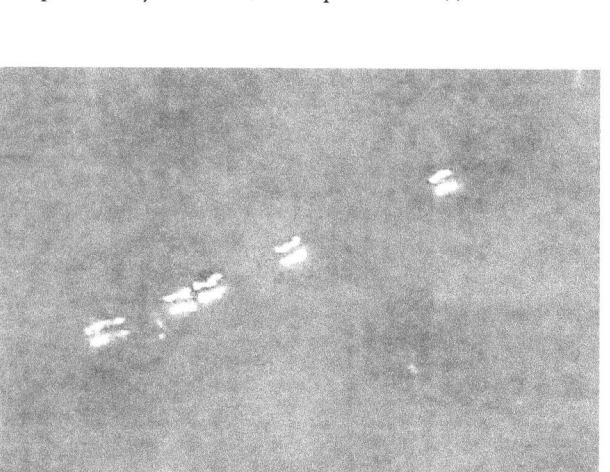

Пять наложенных друг на друга фотографий невидимого для глаз движущегося судна, гора Шаста, Калифорния, июль 2016 года.

Множественные сферы, *ECETI*, штат Вашингтон, май 2018 года.

Два НЛО, летящих к дому, увиденные многими свидетелями. Волкано, Калифорния, ноябрь 2016 года.

Классическое НЛО-летающая тарелка, Токио, Япония, ноябрь 2016 года.

По общему мнению, НЛО иногда маскируются под облака. *ECETI*, штат Вашингтон, июль 2017 года.

Горизонт, видимый *сквозь* голову Кейко, *ECETI*, штат Вашингтон, май 2018 года.

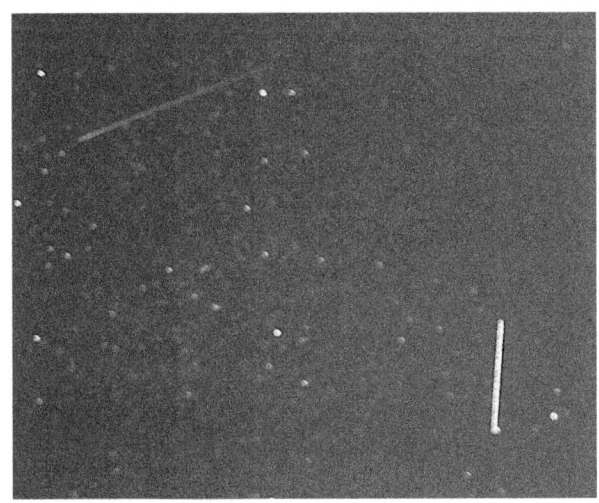

Стрикер и яркий предполагаемый спутник, район Калгари, август 2017 года.

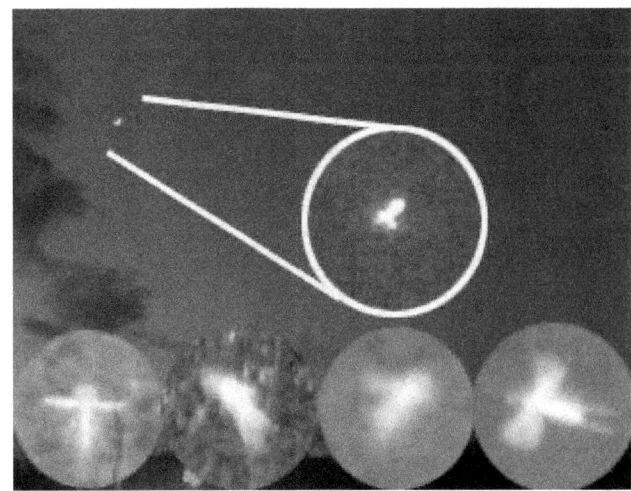

Аномальные огни, невидимые глазу, *ECETI*, штат Вашингтон, май 2018 года и озеро Буффало, Альберта, июль 2018 года.

49

Внутреннее общение

Так как этот опыт больше связан с вашим ростом, чем с явлениями, ожидайте, что вы получите больше внутреннего опыта, чем внешнего, особенно в самом начале. Это будет происходить не только во время *CE-5*, но и во время вашего сна, медитации и в процессе повседневной жизни. Вы поймёте, что расширяетесь, когда будете чувствовать себя всё лучше и лучше. Вы начнёте отдавать и принимать любовь бескорыстно, что будет зависеть только от вашей веры/состояния, а не от других людей/обстоятельств вне вашего контроля. Этот раздел заметно короче, чем часть о внешнем общении. Внутренний опыт личен, уникален для каждого человека, и обычно его невозможно полностью передать. Так что здесь мы будем кратки и приглашаем вас заглянуть внутрь себя.

Коротко говоря: внутреннее общение и взаимодействие пройдёт через ваши пять чувств. Если вы только недавно узнали о вашей скрытой экстрасенсорной возможности, тогда вам придётся немного попрактиковаться, чтобы начать осознанно воспринимать следующие события:

- Ясновидение: способность лицезреть видения, символы, ауры, энергию, свет и так далее. Они могут возникать перед вашим мысленным взором или казаться невероятно реальным.
- Яснослышание: способность слышать голоса, шум, звук, музыку и так далее. Сюда может входить звон в ушах. Это может быть слово, предложение или транслируемая информация, которую вы переводите. Это может звучать, как ваши мысли, "голос в вашей голове" или как реально раздающийся голос или звук.
- Ясночувствование: способность чувствовать что-либо в/на/рядом с телом — ощущения, энергию, прикосновение, эмоции, атмосферу, присутствие и так далее. Опять же, может быть едва или явственно ощутимым.
- Яснообоняние: способность уловить запах того, чего другие не могут воспринять.
- Ясновкусие: способность чувствовать вкус того, чего другие не могут воспринять.

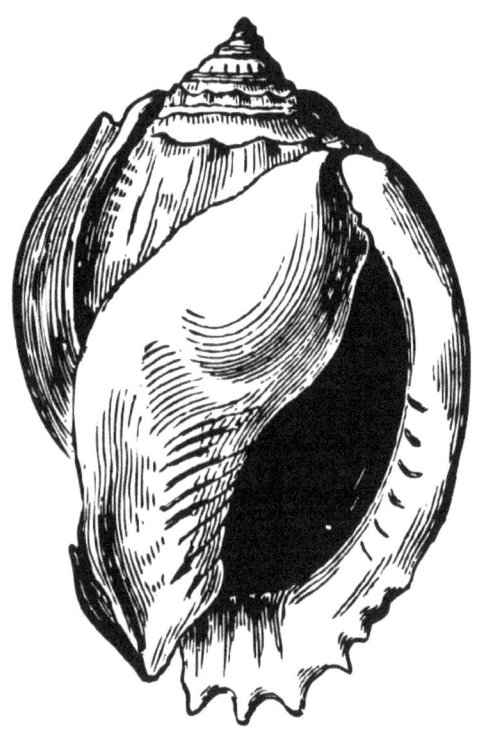

У вас могут происходить сразу несколько видов экстрасенсорного общения за раз. Вы можете полноценно взаимодействовать с существом. Легче всего это может произойти в состоянии альфа- или тета-волн, во время медитации, в ваших снах или в состоянии между сном и бодрствованием. Вы можете переживать опыт, который кажется абсолютно физическим и реальным, и потом осознать, что это не так, когда поймёте, что другие его не воспринимают. Синхронизация может усилиться. У вас в теле могут возникнуть ощущения, говорящие о загрузке энергии, обновлениях или излечении.

Практикуйте ваши экстрасенсорные способности: когда зазвонит телефон, попробуйте угадать, кто это. Когда в жизни вам нужно сделать выбор, попросите о помощи и следуйте вашей интуиции. Установите приложение *ESP Trainer*. Изучите информацию об осознанных снах и пригласите новый опыт/инопланетян встретить вас там.

Особое общение

Энергетическая загрузка:

Во время полевой работы вы можете внезапно почувствовать, как медленно усиливающиеся волны энергии опускаются или поднимаются по вашему телу. Одновременно вы можете ощутить покалывание на кончиках ваших пальцев и в ступнях и/или мышечные спазмы в вашем туловище. Вы также можете испытать тошноту и затруднённое дыхание. Все эти симптомы могут указывать на то, что вы испытываете некую энергетическую загрузку. Если такое происходит, заземлитесь. Позвольте энергии выйти. Твёрдо упритесь ступнями в землю, желательно босыми ногами. Или вы можете держаться за руки с другими членами группы. Либо вы можете взяться за большой кристалл, если он у вас есть, или обнять большое дерево. Попытайтесь делать глубокие вдохи и оставайтесь спокойны и расслаблены. Вам может быть тревожно и неприятно, но примите эту энергию как особый подарок. Это может означать, что вы получаете энергетическую настройку, усовершенствование ДНК, очищение чакр или особое лечение. Это также может означать, что ваше тело используется как проводник для распространения энергии высшего измерения по Земле. Что бы это ни было, вы насладитесь ясным ощущением энергетической открытости, пробуждения и подъёма в течение дня—двух. Некоторые люди сообщили, как этот уникальный опыт навсегда изменил их жизнь в лучшую сторону.

Слияние:

Находясь в расслабленном, высоковибрационном состоянии, вы можете внезапно почувствовать тепло, размытость, мурашки или медленно развивающееся, двигающееся и разливающееся по вашему телу блаженное внутреннее ощущение. Это может говорить о том, что вы испытываете слияние — нематериальное существо взаимодействует с вашим биоэлектрическим полем. Это безопасный способ для существа подтвердить своё присутствие на энергетическом уровне. Однако только вы можете решить с помощью намерения, поприветствовать и сохранить ли это взаимодействие или же разорвать его. Выбор за вами. Сущность может выразить любопытство и захотеть исследовать, изучить или связаться с вашим физическим телом и "тонкой энергией". Это также может привести к излечению. Для многих такое общение — уникальный подарок.

"Это моё воображение или реальный физический опыт?" Ответ не так важен, как сама сущность вашего опыта; в любом случае он будет иметь личное значение. Однако с практикой вы сможете различать разницу. Когда вы станете по-настоящему ясным каналом, для вас будет очевидно, когда в вашем опыте присутствует общение. Если вы на *CE-5*, не стесняйтесь, смело поделитесь вашим опытом с группой вне зависимости от того, понимаете ли вы его происхождение или нет. В науке нужно быть бесстрашным. Вы можете предупредить их о том, что не знаете. Ваш опыт может оказаться важным для кого-то в группе.

Внешнее общение

<u>Предполагаемые спутники</u>

Все спутники называются "предполагаемыми", чтобы показать, что без доказательства мы точно не знаем, что это такое. Спутники медленно перемещаются по небу и иногда могут сверкать при отражении солнца от приборов, например от солнечных панелей. *NOSS*, или похожие на *NOSS* спутники (от англ. *Naval Ocean Surveillance System*, военно-морская система наблюдения за океаном) перемещаются парами или по трое. Выяснять достоверность спутников очень увлекательное занятие. Внизу приведены некоторые полезные пункты. Не тратьте на них слишком много времени и не воспринимайте их слишком серьёзно, так как в будущем вас ожидают подлинные явления.

- Спутники варьируются в размере от дыни до огромного грузовика, а их расстояние от Земли варьируется от 180км до 35,000км. Спутники каких размеров можно на деле увидеть невооружённым глазом?

- Международная космическая станция (МКС) по размеру совпадает с футбольным полем и находится все лишь в 400км от Земли. Её вполне можно увидеть. (Вообще это не спутник, а научная лаборатория, где в любой момент времени находятся от 3 до 10 астронавтов. Правда здорово?)

- Иридиевый спутник размером с грузовик, находится на расстоянии 780км от Земли и едва различим. (Первое поколение этих спутников производило очень заметную вспышку. К сожалению, полностью запущенное в использование второе поколение вспышку не производит).

- Движение: большинство спутников двигаются в одном направлении: с вращением Земли с запада на восток. Военные спутники перемещаются перпендикулярно этой траектории: с севера на юг (или с юга на север). Не так много спутников перемещаются с востока на запад, так как запустить их на ретроградную орбиту стоит дороже.

- Единственный способ выяснить, является ли спутник "предполагаемым" или нет, — это попросить его включить зажигание или поменять направление. Соедините ваш разум и сердца и попросите его об этом: некоторые группы получали ответ!

- Некоторые предполагаемые спутники "подмигивают" или очень ярко "мерцают". Это может быть перемещающийся в космосе спутник, который отражает солнечный свет сияющими частями. Или нет.

- Иногда за одну ночь мы наблюдаем ОЧЕНЬ МНОГО предполагаемых спутников; иногда мы не видим практически ничего. Мы могли бы углубиться в этот вопрос подробнее с помощью приложения, но космический мусор может внести свои помехи. Мы оставили эту тему и решили, что название "предполагаемый спутник" говорит само за себя.

<u>Предполагаемые метеоры, они же стрикеры</u>

- Они тоже называются "предполагаемыми", потому что они никаким образом не могут быть подтверждены. Самый аномальный аспект стрикеров — это то, что их число может многократно возрасти в ночь проведения *CE-5*. Однако удостоверьтесь, что это не метеоритный дождь.

- Стрикеры варьируются по многим аспектам: размеру, скорости, цвету, пройденному расстоянию. На выездном семинаре на горе Шаста мы видели стрикеры, которые прошли через всю небесную ширь за долю секунды; огромные, толстые, оранжевые стрикеры; колеблющиеся стрикеры; и один стрикер, который поделился на две фигуры на торцевой части.

- Стрикеры часто появляются в одно время, например, когда мы говорим "Спасибо" в конце или когда инопланетяне хотят обозначить, что они согласны с чьими-то словами.

Предполагаемые звёзды

"Предполагаемые" звёзды будут двигаться в противоположном от всех других звёзд направлении. Чтобы определить это, вам понадобится ориентир типа дерева. Они иногда попеременно мигают или мерцают разными цветами. Имейте в виду, что звёзды вблизи горизонта тоже мерцают из-за преломления.

Фотовспышки

"Фотовспышка" — это быстрая вспышка света, как если бы кто-то наверху сфотографировал вас со вспышкой. Это происходит молниеносно! Тот, кто замечает первую вспышку, говорит всей группе о её местоположении, и все смотрят в том направлении — очень часто за первой вспышкой следуют остальные. Иногда фотовспышки остаются в одном месте. Иногда они передвигаются и продолжают движение, иногда беспорядочно, иногда ритмично, иногда зигзагами, иногда по определённому курсу. Дважды мы видели череду из более 50 фотовспышек, слишком много для точного подсчёта. В первый раз людям даже стало скучно после пересчёта более 45 вспышек, и они вернулись к рассказу историй об НЛО, пока я кричала "…48!... 49!...50!" Люблю свою группу.

Зажигание

Зажигание начинается как предполагаемый спутник, низкий летун, звезда или что-то похожее на самолёт. Потом свет становится ярче, или вокруг него мерцает или "зажигается" огромная яркая сфера. Отличный пример зажигания можно найти на YouTube канале Деб Уоррен: https://www.youtube.com/watch?v=OHC8X4j-i38. При просмотре видеозаписи имейте в виду, что устройства ночного видения усиливают доступный свет, так что яркость зажигания преувеличена по сравнению с той, которую мы бы увидели невооружённым глазом.

Низкий летун

Захватывающее зрелище. Эти огни НАМНОГО ярче остальных явлений и, кажется, находятся ниже в атмосфере. Те, которые мы видим, путешествуют по всему небу и практически полностью останавливаются на краю.

Сферы

Что такое сферы? Возможно, вы видели эти шары света на фотографиях. Общепринятое объяснение заключается в том, что это свет, преломляющийся от частиц пыли. Однако очень странно, что они могут двигаться против ветра, разгоняться, замедляться, делать повороты и игриво присутствовать на высокоэнергетических мероприятиях. Они могут двигаться или оставаться неподвижными, бывают разных цветов и размеров — от малюсеньких до гигантских. Некоторые люди видят их невооружённым глазом. Большинство людей видят их через очки ночного видения (*ECETI* — отличное место, чтобы посмотреть в очки ночного видения, стоящие много тысяч долларов, которые Джеймс любезно передаёт по кругу). Чтобы запечатлеть феномен сфер в помещении или на улице, можно использовать более старые цифровые камеры (без инфракрасных фильтров). Применяйте вспышку, но постарайтесь не ослепить никого из вашей группы. (Они вам за это спасибо не скажут!). Вы также можете использовать простой инфракрасный свет, чтобы лучше рассмотреть сферы в очках или во время цифровой видеосъёмки. Ещё вы можете пригласить сферы сделать фотографию лично или в составе группы — вас, возможно, поразит, сколько их покажется для фотосессии!

Зонды

Маленькие огоньки, которые близко приближаются к группе. Они могут появиться даже в центре контактного круга. Или они могут появиться в виде маленьких сияющих огоньков. Они могут быть разумными. Они могут собирать информацию. Или они могут просто говорить "Привет".

Искажённое небо

Участок неба, по которому как будто перемещаются тепловые волны, или мерцающий участок, окрашенный в какой-то цвет или просто выглядящий темнее.

Исключаем человеческие аппараты
- Самолёты и вертолёты оснащены навигацией и стробовыми огнями, летают низко, имеют ограниченные скорости и манёвренность и издают звук.
- Огни у дронов могут присутствовать или отсутствовать, они издают шум, если вы достаточно близко, чтобы его услышать, имеют ограниченные скорости и возможности, и им не позволено летать слишком высоко. Последний пункт может не соответствовать действительности: люди могут высоко их запускать, не обращая внимания на закон.

Корабль инопланетян или военное космическое судно (оно же *ARV*)
Военные силы прячут свой собственный космический флот, спроектированный на основе потерпевших крушение НЛО. Одна из моих подруг вышла замуж за секретного военного специалиста, который видел один из этих космических судов в Зоне 51. (Он советует устроить "марш миллиона" к базе и потребовать увидеть то, что они от нас скрывают, если кто-то захочет это организовать). Можем ли мы распознать разницу между *ARV* и кораблём инопланетян в небе? Наверное нет. Мы исходим из того, что военные суда не отвечают на наши телепатические запросы.
Как *ARV*, так и инопланетные корабли могут:
- Осуществлять правоугольный поворот, разворачиваться или останавливаться и снова двигаться так, как не могут самолёты, дроны и вертолёты.
- Устраивать "зажигание".
- Не иметь стробов.
- Обладать невероятными скоростями.

Наши подтверждённые групповые явления: на горе Шаста на выездном семинаре, организованном Костой, некоторые из нас увидели около десяти огней в двух идеальных формациях, беззвучно сопровождавших друг друга на горизонте. Мы также видели движущийся яркий свет, который остановился, переместился, остановился и улетел прочь. В другой раз мы увидели огонёк, летающий настолько низко, что он освещал облако. Это был низкий летун, и мы видели ещё три: чрезвычайно яркие огоньки, пролетевшие над нами и практически полностью остановившиеся на горизонте. Мы также считаем фотовспышки подтверждёнными явлениями.

Не зацикливайтесь
Не слишком усердствуйте над тем, чтобы выяснить, является ли НЛО ненастоящим, или оно на самом деле неизвестного межзвёздного происхождения — если доказательство неубедительно, зачем об этом спорить? Допустите, что это может быть корабль, и сохраните свою энергию для получения достоверного опыта. *CE-5* группы на *Facebook* всегда привлекают несколько отвратительных троллей… Если вы из числа людей, которые грубо относятся к тем, кто не слишком силён в своих суждениях, вы не засвидетельствуете много явлений. Это потому, что грубость — низкая вибрация, и если вы испускаете низкую вибрацию, вы не сможете легко получить доступ к явлениям. Пожалуйста, не будьте задирами.

"Почему мы видим огоньки, а не крутое физическое судно, типа летающих тарелок или треугольного корабля?"
Близкие явления НЛО за последние годы сократились. Спросите людей об их давних встречах с НЛО, и вы услышите невероятные истории, как в нашей группе: судно-двенадцатигранник с верхом, вращающимся противоположно основе, огромные чёрные треугольники, закрывающие значительную часть неба, металлический корабль в тумане так близко, что почти можно дотронуться… старые явления НЛО были отпадными!

Почему сейчас это в основном удалённые огни? Возможно, это связано с безопасностью. Может, Инопланетяне не могут подобраться слишком близко из-за того, что воздушное пространство (особенно североамериканское воздушное пространство) довольно напряжённое. Думаю, военные собьют их, если увидят. Класс.

Встреча с существом:

К настоящему моменту мы не имели прямого взаимодействия с существами во время *CE-5*, но один член нашей группы встретился лицом к лицу с существом в своём доме. У меня также по соседству есть подруга — коренная шаманка, которая стояла лицом к лицу с существом во время одного из своих путешествий в сакральное место в тропиках, чему было несколько свидетелей. Когда моя подруга увидела существо, по её лицу полились слёзы… существо мягко отошло назад, уходя обратно в джунгли. Такой опыт был бы насыщенным по многим причинам, среди которых, возможно, глубокое облегчение, переполняющее чувство любви и/или желание воссоединиться с галактическими семьями, от которых мы были слишком долго отдалены.

Большинство из нас совсем не готовы к встрече с существом так, как шаман. Мы по природе страшимся неизведанного или отличного от нас, и, кроме того, мы запрограммированы медиа на то, что инопланетяне окажутся враждебными или зловещими.

Подготовка группы к взаимодействию лицом к лицу — также хорошее упражнение. Добейтесь очень расслабленного и сфокусированного состояния и проведите каждого через визуализацию, где каждый человек встречается с существом. (Обратитесь к разделу с медитациями для примера).

Ещё одно хорошее упражнение — это визуализировать, как вы случайно сталкиваетесь с инопланетянином в повседневной жизни. Представьте инопланетянина в каждом углу, наверху и внизу лестницы, в кафе, застрявшим в пробке в машине перед вами и так далее. Вы даже можете украсить стены в вашем доме изображениями пришельцев. Таким образом, вы, по сути, подготавливаете ваш разум психически и эмоционально принять физический контакт с инопланетным существом без страха или тревоги. Ваша система убеждений также перепрограммируется, чтобы осознать, что такие маленькие встречи естественны, нормальны и прозаичны. Такая стратегия поможет избавиться от глубоких подсознательных убеждений, что встретить реального инопланетянина невозможно.

На *CE-5* или в вашей повседневной жизни вы можете заметить некоторые феномены, которые мягко направляют вас к встрече с существом: слышать шарканье ног, чувствовать мягкое прикосновение к вашему третьему глазу или к другому участку тела или слышать дыхание. Существа могут появиться в нефизической, межпространственной форме, как, например, сияющие огоньки, сферы, энергетические сферы, тёмные или расплывчатые формы, или они могут быть полностью физическими по своей природе. Сообщается, что во время таких взаимодействий, телепатических или нет, присутствует чувство глубокой любви.

<u>Другие феномены, отличные от явлений:</u>

- Изменения температуры — ваше тело или окружающая среда может сильно нагреться или охладиться.

- Изменения давления — чаще всего ощущается в ушах. Это может говорить об инопланетном корабле над головой.

- Погодные изменения — например, ослабление или усиление ветра.

- Дрожь или вибрации в теле, боли или бесконтрольное беспокойное волнение.

- Волосы на теле встают дыбом.

- Звуки — жужжание, щёлканье, гудение, животные, отвечающие на присутствие людей или инопланетян.

- Настолько сильное чувство любви, что люди начинают плакать.

- Электроника/свет неожиданно включаются или выключаются, сами по себе играют песни на устройствах.

- Облака — формы, цвета, аномальные движущиеся/разноцветные облака.

<u>Советы</u>

- Побудите людей делиться явлениями и феноменами, когда они происходят. Очень часто люди стесняются и не хотят отвлекать группу. Убедите людей, что их опыт полезен всей группе, но, если вы чувствуете, что кто-то слишком сильно нервничает, дайте выбор не делиться. Это не принуждение.

- Часто люди не верят своим собственным глазам — постоянно спрашивайте их, видели ли они что-либо, в достоверности чего не уверены.

- Позвольте людям делиться даже во время медитации — вы поймёте, когда сказать "ладно" и продолжить медитацию или остановить медитацию и следить за развитием событий.

<u>Не пропустите традиционные феномены в ночном небе</u>

- Созвездия, звёзды, планеты, Международная космическая станция, телескоп Хаббл, Северное Сияние.

- Млечный Путь: отправляйтесь далеко в дикое место и посмотрите на невероятный Млечный Путь.

- Атмосферная рефракция: звёзды на краю горизонта, просматриваемые сквозь слои турбулентного воздуха Земли, кажутся "мерцающими". Посмотрите это видео, чтобы увидеть интересное влияние рефракции на солнце и звёзды. https://vimeo.com/188149183

Викинги, плывущие под Северным Сиянием, Герхард Мюнте, 1899

"Почему некоторые явления НЛО настолько сомнительны? Почему они не могут быть супер очевидны? Что вообще со всем этим "предполагаемым" дерьмом?"
Мы считаем, что явления начального уровня и должны быть сложны быть трудноразличимыми. Они очень доступны для нас. У многих из нас есть укоренившийся страх "пришельцев". Видеть что-либо и задаваться вопросом, создано ли это человеком, или, возможно, природный феномен или, быть может, НЛО — это совсем не страшно. Явления начального уровня также служат ещё одной цели: они мост для веры. Возможно ли, что это было то, о чём я подумал? Могу ли я поверить, что это было НЛО? Это помогает вам рискнуть и аккуратно подготавливает вас к новому опыту. Это также отсеивает тех, кто не готов — они легко отмахиваются от этого и никогда над этим не задумываются. Таким образом, большая группа разных людей может увидеть одну и ту же вещь и дать ей очень разные объяснения. Жизнь — это получение разнообразного опыта и создание нашей собственной реальности. Явления начального уровня позволяют каждому выбрать своё.

"Почему некоторым людям удаётся что-то увидеть, а мне нет?"
Часто случается так, что люди смотрят в одно и то же место в небе, но один из них увидит очень яркую многоразовую фотовспышку, а человек, стоящий рядом, ни черта не видит. Или же вы решаете покинуть *CE-5*, а несколько оставшихся человек видят что-то прямо после вашего ухода. Невероятно раздражает. Таково уж положение вещей. Может, вы ещё не готовы, может, это не подходящий для вас момент, или, может, вы просто моргнули.

Подумайте о том, как собака способна слышать звуки, которые нам недоступны. То же самое со зрением: наши физические глаза могут видеть только малюсенький процент (приблизительно 0.0035%) от всего электромагнитного спектра. Что касается НЛО, реальность, из которой происходят инопланетяне и в которой живут, отличается от нашей, и большинство из нас не могут видеть так высоко по вибрационной шкале. Поэтому либо им нужно опуститься, либо нам — подняться. Вы можете расширить свой диапазон, как сделали многие. С формированием намерения и ростом вы сможете увидеть вещи, которые были для вас ранее недоступны. Раньше я завидовала одному члену нашей группы, который постоянно видел огоньки и сферы вокруг себя. Теперь и я постоянно вижу блёстки и маленькие "фотовспышки". И вы начнёте видеть в своё время. Попытайтесь радоваться за тех, кому вы завидуете, когда они видят что-то, что вы бы тоже хотели увидеть.

"Было ли это только в моём воображении?" Может быть, а может, и нет. Стоит сообщить группе.

"Но, может, это был обман зрения?" Может быть, а может, и нет. Всё равно стоит сообщить группе.

Заметка для руководителя: вам обязательно нужно практиковать ваш направляющий голос. Я что-то видела и говорила вслух в полной уверенности, что мы всей группой наблюдаем за одним и тем же, и только позже узнала, что никто меня не слушал, поэтому большинство людей пропустили явление ночи! Будьте внушительными: задавайте прямые вопросы и получайте на них ответы: "Посмотрите вон туда!", "Кто это увидел?", "Следите за тем огнём — в нём есть что-то особенное". С практикой вы поймёте, к чему стоит привлекать повышенное внимание.

Медитации

Медитация имеет много подтверждённых наукой преимуществ:
- Расслабляет и успокаивает
- Уменьшает стресс, тревожность, депрессию, боль, бессонницу
- Повышает способность думать яснее и быстрее
- Сгущает кору головного мозга, улучшая память и концентрацию
- Повышает способность чувствовать
- Укрепляет теломеры в ДНК, отвечающие за долголетие
- Создаёт новые нейроны (до 30,000 в месяц, громадное количество умственных способностей)
- Повышает объём мозга (с возрастом мозги обычно уменьшаются)
- Уменьшает миндалевидное тело — часть мозга, отвечающая за борьбу и бегство (ого!)

Медитирование и СЕ-5
Медитирование помогает вам соединиться с единым сознанием. Когда вы пустеете (или соединяетесь со Всем — в зависимости от того, как вы предпочитаете об этом думать), вы находитесь в состоянии чистого сознания, не ограниченного временем и пространством. Соответственно, общение с кем бы то ни было в любое время и в любом пространстве становится возможным. Более того, медитация является инструментом для очищения канала и приручения внутреннего голоса так, чтобы беспорядочные мысли не вмешивались в исходящие или входящие сообщения или не искажали их. Так что, чем больше вы медитируете, тем лучше вы сможете телепатически общаться с нашими звёздными друзьями. Мы рекомендуем во время СЕ-5 проводить как минимум одну медитацию с закрытыми глазами, чтобы по-настоящему внутренне сфокусироваться и погрузиться в единое сознание.

Чтения из этой главы
В этой главе вы найдёте несколько примеров медитаций/групповых упражнений от добровольцев со всего мира. Вы можете взять этот справочник с собой в поле и читать вслух вашей группе.

Проигрывание записанных медитаций
Вы можете проигрывать медитации на устройстве. (Таким образом, вы тоже сможете присоединиться). Медитации можно найти в приложении *ET Contact Tool*, а также вы можете преобразовать любое видео на *YouTube* в *mp3* аудио, загуглив конвертер (например https://ytmp3.com/).

Ченнелинг в составе группы:
Одному члену нашей группы посчастливилось отправиться в путешествие по активации энергии в Египет с Сиксто Паз Веллсом. Он попросил у Сиксто совета для СЕ-5. Сиксто сказал, что всей группе обязательно нужно учиться принимать сообщения инопланетян одним каналом. Для этого он предложил вместе медитировать с намерением получать сообщения. После медитации поделитесь своим опытом друг с другом. Если кто-либо получит ясное и прямое сообщение, то это может быть послание. Когда несколько человек получат одну и ту же информация, вы поймёте, что получили подтверждённое сообщение. Сообщения всегда позитивные и никогда не являются предупреждением о катастрофе.

Ваши медитации
Перед тем, как взглянуть на образцы медитаций в этом разделе, осознайте, что самая лучшая медитация — это та, что исходит от вашего сердца. Очень легко создать свою медитацию. Вы можете её заблаговременно записать или сочинить на ходу с группой. Так как во время медитаций нужно делать много пауз для дыхания и создания благоприятной расслабленной атмосферы, у вас будет достаточно времени подумать, что сказать дальше. Если всё проходит не так гладко и вы путаетесь, вы все можете посмеяться, что также поможет создать правильную атмосферу.

<u>Как медитировать</u>

Медитация — это легко. Главное — СФОКУСИРОВАТЬСЯ. Вы можете фокусироваться на:

- Музыке
- Звуке
- Намерении
- Пустоте
- Соединении со Всем
- Мантрах
- Дыхании
- Чувстве, например благодарности
- Части тела, например центре вашего сердца
- Вашей сущности синего света перед вашим третьим глазом
- Вдыхании пранической энергии и её выдыхании в ваше тело

Начните с 5 минут каждый день на протяжении месяца и потом увеличьте до 5 минут дважды в день. Увеличьте примерно до 15 минут дважды в день. В загруженные дни постарайтесь придерживаться привычке: присядьте, даже если это всего на 5 минут. 5 минут в день лучше, чем 20 минут раз в неделю. Не опускайте руки, если вы не чувствуете изменений или эффекта сразу. На привыкание уйдёт время. Попробуйте слушать бинауральные звуки в тета-фазе, чтобы помочь своему мозгу расслабиться и погрузиться в глубокую медитацию. Вы можете попробовать что-то похожее на медитацию, например раскрашивание, прогулки, занятия музыкой или вождение машины. Если медитация не для вас, в этом нет ничего страшного. И хотя медитировать полезно, это не необходимо.

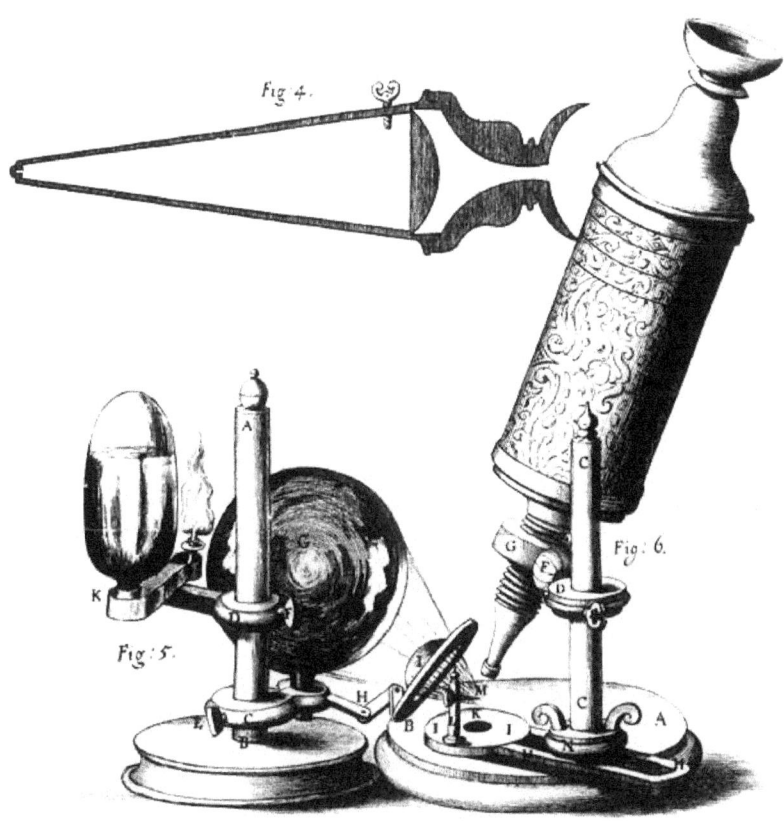

Микроскоп Роберта Гука, 1665

"Существует намного больше доказательств того, что групповая медитация может погасить войну, словно выключатель света, чем доказательств эффективности аспирина против головной боли".

—Джон Хагелин

Преимущество группы:

Одна из причин, почему *CE-5* так хорошо срабатывает, — это феномен групповой медитации. Существуют несколько исследований, которые показывают, что, медитируя группой, мы очень сильны. Групповая медитация (она же эффект Махириши) способствовала снижению преступности, суицидов и смертей в прилегающих районах от 13% до 82% (в среднем на +70%) во время сеансов.

Доктор Джон Хагелин является квантовым физиком и президентом Университета управления Махариши в Фэрфилде, Айова. Он говорит:

> "Более пятидесяти демонстрационных проектов и двадцать три исследования, опубликованные в ведущих рецензируемых журналах, показали, что этот новый подход ко всеобщему миру, основанный на сознании, нейтрализует этические, политические и религиозные трения в обществе, которые провоцируют преступность, насилие, терроризм и войну. Этот подход был протестирован на местном, государственном, национальном и международном уровнях, и каждый раз он срабатывал, значительно снижая негативные социальные тенденции и улучшая положительные. Огромные группы миротворческих экспертов, вместе практикующие эти технологии сознания, погружаются глубоко внутрь себя к самому основополагающему уровню разума и материи, что физики называют единым полем. С того уровня жизни они создают приливную волну гармонии и единства, которая может навсегда изменить общество к лучшему, что подтверждено исследованием. И этот основанный на сознании подход является всеобъемлющим, легко применимым, невмешательским и эффективным с точки зрения затрат". (Для более подробной информации зайдите на сайт http://www.permanentpeace.org).

Воскресные медитации

Существует несколько групп по всему миру, которые медитируют по воскресеньям, визуализируя мирные изменения на планете. Чтобы присоединиться к одной из этих групп, пройдите по ссылкам:

> http://www.globalunitymeditation.com/
> https://www.facebook.com/groups/128179887330632/ (Мы управляем этой группой!)
> http://2012portal.blogspot.com/2016/08/make-this-viral-weekly-ascension.html

Узнайте подробнее:

> http://www.worldpeacegroup.org/washington_crime_study.html

> http://thespiritscience.net/2015/06/18/studies-show-group-meditation-lowers-crime-suicide-deaths-in-surrounding-areas/

> http://www.thewayofmeditation.com.au/blog/scientific-evidence-mass-meditation-can-reduce-war-and-terrorism/

> https://www.youtube.com/watch?time_continue=36&v=wJ0O1FTn9RQ

> Мы также хотим упомянуть, что число групп, проводящих медитации по всему миру, растёт. Когда разум и сердца коллективно сфокусированы на мире — на доброте к животным, международной гармонии, взаимном уважении, сохранении окружающей среды, процветании для всех, на том, чего вы бы хотели для вашего мира, — энергия многократно усиливается и с каждым днём приближает воплощение тех идеалов. Ценность молитв и активного или удалённого участия в групповых медитациях не может быть переоценена.
> — Сообщения Мэтью, 14 февраля 2018 года

Видение нового мира (д-р Грир)

Возьмите друг друга за руки и заметьте, как формируется идеальный круг света. Почувствуйте глубокое спокойствие внутри, и покой, и тишину. Ощутите вашим внутренним взором межпространственное межзвёздное судно, которое находится вокруг нас, и внутри которого находимся мы. Инопланетные существа медитируют вместе с нами, и мы видим это красивое кольцо света, держа друг друга за руки. Среди нас чередуются инопланетные формы жизни, находящиеся за пределами точки пересечения света, и они держатся с нами за руки. Вместе погружаясь в это чистое состояние тишины, мы видим глубоко внутри каждого из нас фонтан чистейшего света: сознание, преобразованное в свет. Оно поднимается вверх через наши чакры, заряженное светом Земли и мощью Геи, достигает уровня нашего сердца и потом поднимается вверх к нашей коронной чакре и вырывается вперёд и вверх в космос над нами. Это образует идеальную колонну света. Сначала каждый из нас проецирует эти колонны индивидуально, и потом наши колонные сливаются в одну, и этот свет двигается слева направо по кругу и становится одним огромным лучом небесного света, летящим вверх в космос, пробивая стратосферу. Этот свет распространяется, наш свет и доброта на Земле, и человечество, и

наш большой потенциал просвещения распространяется от этого места к каждой звезде и каждой галактике, и каждой разумной форме жизни в космосе. Мы просим Великого Духа, бесконечного и безграничного, помочь этому красивому поднимающемуся вверх свету быть проводником для цивилизаций, способным к межзвёздному перемещению, чтобы они пришли на это место Земли. Наконец мы видим, как этот луч света входит в огромный межзвёздный центр. Он тысячи миль в диаметре в далёком космосе. Здесь послы других цивилизаций собирались с незапамятных времён. Мы видим, что они созерцают нас столь же ясно, как мы видим их в нашем разуме. Мы просим их присоединиться к нам, и в своих мыслях они присоединяются. Мы видим, что через нас они посылают обратно космический свет, исходящий из зенита небес в этот замечательный круг людей, и через нас в Землю, и Земля звенит, словно колокол. С откликом этого космического света он достигает каждого мужчину, женщину и ребёнка на Земле, и они лицезрят новое видение нового мира, идущего изнутри нас в физическую Землю. Тогда мы просим Великого Духа, чтобы у каждого мужчины, женщины и ребёнка на Земле пробудились их сердце, разум и их сущность, и дух, и чтобы они осознали простую истину, что мы один народ в космосе и что пришло время присоединиться ко вселенской цивилизации и бесконечному миру. Мы видим раскрытыми все тайны, которые держались в секрете от человечества. Чудесные технологии, которые могли бы превратить Землю в розовый сад мира и достатка, разработанные во благо человечества. Мы видим, что все ретроградные и противодействующие силы на Земле трансформировались красотой этого видения. Теперь мы видим, как этот свет становится сильнее, и мы видим кристаллизированный в нашем разуме и нашем видение новый мир. Это будет бесконечное и нерушимое время мира на сотни тысяч лет. Если поначалу это может быть внешний мир, реальность такова, что он эволюционирует в век просвещения, и со временем каждый ребёнок, рождённый на Земле, будет рождён в космическом сознании и поэтому эволюционирует в божественное сознание и в сознание вселенского единства. Пока человечество эволюционирует, мы видим, что становимся послами на других планетах, распространяя просвещение с Земли, даже если до нас просвещение было послано на Землю древними сущностями. Наши сердца

наполнены радостью от этого видения, и мы просим Великого Духа помочь нам воплотить его в жизнь, и мы приглашаем эти межзвёздные цивилизации, терпеливо ожидающие нашего прибытия, помочь нам, ибо мы клянёмся помочь им. Дети Земли станут приёмниками каналов, по которым это знание и видение, и реальность проявятся на Земле. И поэтому мы просим у Великого Духа, чтобы это замечательное время, которое, мы знаем в наших сердцах, является судьбой человечества, продвинулось вперёд. Мы посвящаем себя друг другу и Земле, и космосу, и всем этим посетителям, нашим братьям и сёстрам каждой звёздной системы, чтобы создать новый мир, и мы видим, что он на самом деле уже рождён в мире идей, и он готов стать реальным и ждёт наших действий. Так что с некоторыми усилиями с нашей стороны и с помощью Великого Существа и невидимых миров, и мира духов, и этих межзвёздных цивилизаций, то, что кажется невозможным, становится неизбежным. Мы увидим, как это материализуется в нашей жизни, и наши сердца наполнены любовью и радостью от видения нового мира. Намасте.

Глобальная инициатива СЕ-5 (Коста)

1. Выполняйте этот контакт в любое время, в любом подходящем, удобном и безопасном для вас месте.

2. Выберите место и людей, которые, по вашему мнению, совместимы, уважительны и воодушевлены этим скоординированным усилием. Так как вы "вибрационные существа", страх или другие сильные эмоции могут повлиять на ваши результаты.* Возьмите с собой благое намерение, любовь, радость и открытость опыту. Инопланетяне уловят ваши благородные позитивные вибрации. Вы также можете сделать это в одиночку.

3. Установите связь от сердца к сердцу с членами вашей группы. Циркулируйте энергию любви.

4. Представьте, что ваши сердца соединены со сферой любви в центре вашего круга. Спроецируйте эту колонну энергии любви высоко в небо, будто великолепный яркий указатель для наших Звёздных Друзей.

5. Погружаясь в медитацию, в своём воображении соединитесь сердцами со всеми глобальными контактными группами, присоединяющимися по всей планете. Потом с любовью включите и наших Звёздных Друзей, приглашая и направляя их к вашему местоположению.

Вы можете направлять их к своему месту, проецируя для них ваше сознание и визуализируя передвижение от Солнца в нашей Солнечной системе к Земле. Приближаясь к ней в своём воображении, увеличивайте изображение до тех пор, пока не увидите ваше конкретное место на поверхности. Покажите им на картинках, где вас можно найти.

6. Спросите у наших инопланетных друзей ментально и сердцем, что вы и мы можем сделать совместно с ними, чтобы излечить Землю. Пригласите их принять участие в наших Человеческих делах, подчёркивая, что решение этих проблем — ответственность Человечества.

7. Помните, что контакт с инопланетянами может произойти в разных формах. Это может быть явление Звёздного Судна, осознанный сон, телепатическое сообщение, прикосновение к плечу или колену, странный электрический феномен с коммуникационными приборами или освещением и ещё много всего.

8. Впоследствии, добавьте, пожалуйста, ваш опыт мероприятия СЕ-5 в архивы отчётов ET Let's Talk!

*ВНИМАНИЕ: то, как вы подходите к вашему опыту СЕ-5, — КРИТИЧЕСКИ ВАЖНО. Если вы испытываете страх, глубокий скептицизм, враждебность, предубеждённость... высоки шансы, что вы не сможете установить контакт.

Вселенское единство

Закройте глаза и сделайте три глубоких вдоха, каждый раз выдыхая со звуком.

Продолжайте фокусироваться на вашем дыхании: с каждым вдохом вдыхайте энергию света, окружающую вас. С каждым выдохом отпускайте все тревоги дня, заботы о выживании, весь стресс и негатив… Ничего не нужно делать, никуда не нужно идти, никого не нужно впечатлять. Вдыхайте спокойствие, выдыхайте напряжение.

Слушайте ветер в деревьях (или гудение дорожного движения, или жужжание электричества, в зависимости от того, где вы находитесь). Расширьте свою осознанность так, чтобы она охватила ваших друзей, сидящих поблизости, деревья и животных вокруг вас, людей в машинах на шоссе вдалеке, занятые далёкие города и страны. Вы каждый человек и каждый предмет, и вы можете почувствовать, каково это — ехать по шоссе, быть ребёнком, играющим в парке, или слышать шорох листвы на вершине вашей кроны.

Ваша осознанность расширяется всё дальше, включая огромные участки земли и океанов, в космос, охватывая нашу Солнечную систему и бесконечность, где вы можете услышать низкий гул планет, вращающихся вокруг своих солнц, почувствовать вращающиеся галактики и увидеть мягкие разноцветные облака туманности. Вы огромное глубокое пространство… вы чудеса природы: планеты, луны и звёзды, леса, водопады и приливные волны, жители миров. Услышьте ветер в деревьях неподалёку и музыку Вселенной. Вы являетесь всем и всеми.

Обрушьте эту осознанность в пространство прямо перед вашим третьим глазом. Отбросьте вашу личность, индивидуальность, отвлекающие факторы окружающей вас среды, ваши мысли. Вы находитесь в пустоте, паря в темноте. Вы и есть настоящая осознанность. Вы ощущаете мир бесконечной любви… вы бесконечная реальность, и в этом заключается блаженство.

Мимо могут пролетать мысли и изображения, и вы позволяете им уйти и возвращаетесь к единственной точке фокуса и осознанности. Вы стали единственной точкой осознанности, которая является той же самой осознанностью, ощущаемой всеми остальными людьми на Земле, каждым пробуждённым и осознанным существом. Вы расслабляетесь в этой тихой осознанности, пока она уравновешивает и соединяет вас со вселенским единством.

Каждый миг – это медитация (Мэтт Марибона)

Мэтт самостоятельно установил контакт с инопланетянами за много лет до нахождения им первого СЕ-5 сообщества. Его пример доказывает, что каждый может найти собственный уникальный путь к контакту.

СЕ-5 — не просто термин; это практика любви, общности и целостности. СЕ-5 — это про то, как быть уникальным, любящим и счастливым СОБОЙ. СЕ-5 — это только начало потрясающего путешествия, которое поможет изменить существующий мир. Медитация СЕ-5 не должна иметь ни начали, ни конца. СЕ-5 — это попросту о существовании. Там, во Вселенной, существуют бесконечные возможности чудес. В пределах галактик и звёзд, и планет обитают другие уникальные, любящие и счастливые существа, прямо как мы, которые просто существуют. Они где-то там ждут, пока мы осознаем, насколько по-настоящему особенны наши мир и жизнь в целом. ОНИ появляются из огромной бездны возможностей, чтобы озарить вас великим светом. Всё, что нам нужно сделать, — объединиться и пролить этот свет на наш мир и на нас самих. Ежедневно просыпаясь, мы должны быть добры ко всем. Наши мысли очень сильны и могут быть использованы, для создания той реальность, в которой мы живём. Всё есть сознание. Этими мыслями мы создаём нашу реальность. По сути, мы являемся своими мыслями. Все вместе как вид мы можем создать мир, почитающий любовь ко всему. И это начинается с ВАС.

В течение дня и внутри себя мы должны быть той переменой, которую желаем увидеть в мире. Нам следует быть добрыми друг к другу, заботиться о нашем мире и брать ответственность за наши действия. Больше улыбаться, предложить помощь незнакомцу, делать хорошие дела, всегда питать надежду, проявлять любовь ко всему. Этот мир— рай, где всё предоставлено. Разлад нас останавливает. Мы любимы, и всё, что нам нужно делать, — просто быть. В конце концов, когда звёзды появляются, чтобы светить для вас, всё, что вам нужно сделать, — просто сказать: "Привет, я здесь из-за любви и надежды". Ваша повседневная жизнь — это медитация. Всё, что имеет значение, — сердце, бьющееся внутри вас. Как только вы обнаружите этот центр сердца, всё, что вам нужно сделать, — просто посмотреть наверх и сказать: "Я здесь, не хотели бы вы присоединиться?". Вот и всё! Когда вы установите контакт, вы увидите, что любовь — это всё, что имеет значение, и всё, что сделано с любовью, сделано с лучшим намерением, непредвзятостью и открытым сердцем. Чем больше тех, кто находится на одной частоте и вибрации, тем более глубоким будет опыт. Чем больше вы проливаете свой свет, тем больше они будут проливать свой в ответ. Они ждут нас где-то там даже в этот самый момент, пока вы это читаете. Вы любимы. Покажите им немного любви в ответ. Сделайте это вместе. Просто будьте.

Золотой век

Сделайте три глубоких вдоха и выпустите весь стресс и борьбу вашей повседневной жизни. Заземлитесь и почувствуйте связь с многообразием Геи, человечеством, всеми существами во Вселенной и с Источником. Подождите немного, чтобы сосредоточиться и обрести своё истинное "я". Вдохните и глубоко расслабьтесь.

Теперь соедините свой разум и сердце с группой. Представьте эволюцию и прогресс человеческого рода. Ощутите свою осознанность мира, каким он является сейчас, готовый к грядущей утопии. Это подарок и честь — быть в человеческом облике на этой планете в это время. Мысленно посмотрите на плавный прогресс непрерывного рассвета новой эры, ожидающий нас. Увидьте, как коррумпированные лидеры и манипуляторы уходят в отставку и несут ответственность за свои действия. Увидьте, как популярные медиа, освободившись от контроля, распространяют критическую информацию для всех. Станьте свидетелем медленного и непрерывного обнародования информации о присутствии нашей звёздной семьи. Возрадуйтесь, увидя надежду и облегчение, озаряющие лица каждого человека, когда они осознают, что мы не одиноки. Когда бо́льшая часть людей примет эту новую реальность, наблюдайте, как освободившиеся от обязанностей учёные применяют уже подаренные нам технологии, чтобы распределить свободную энергию по миру. Увидьте мир, купающийся в гармонии и любви. Отрада в изобилии и мире, которые будут для нас доступны.

Представьте, чем вы будете заниматься в этом новом мире. Вообразите, что узники войны и рабы освобождены... вылечены болезни... искоренён голод... свободная энергия для всех... общение с существами из других миров... как будет выглядеть ваш дом... как будет выглядеть ваш личный космический корабль... каникулы среди звёзд или вокруг Земли... как проходит ваш день... где вы храните энергию для работы... и во что вы играете... направьте внимание вашего разума на то, что зажигает ваше сердце!

Откройтесь, чтобы услышать вдохновляющие слова от высшей версии себя о действиях, которые вы можете предпринять для этого изменения. Используйте момент, чтобы послушать рекомендации о том, как вы сможете наиболее эффективно поучаствовать в этом радостном процессе.

Знайте, что это замечательное видение будущего приближается; это только вопрос времени. Вообразите чувства благодарности и мира, вызванные этой реальностью, которая уже существует во вневременном потоке.

Встретить существо

В качестве подготовки к возможному контакту лицом к лицу создайте намерение заняться групповой медитацией, где вы встретите существо. Дайте группе подумать, какое существо они хотели бы встретить: человекообразное? отличное от человека? Вот несколько вариантов: плеядеянцы, нордики, апунианцы, хаторы, львиные существа, арктурианцы, авиане, беневолентные греи и рептилоиды итд.

Как вариант, они могут встретиться с членами инопланетной команды, приписанной к вашей группе CE-5, или их личным инопланетным посланником.

(Забавный факт: Пол Хеллер, один из бывших министров обороны Канады говорит, что существуют 82 вида пришельцев, которые, как известно, посетили Землю).

Начните медитацию любым видом дыхательных или расслабляющих упражнений. Вы можете выполнять упражнения на напряжение и расслабление мышц или визуализировать, как заходите в лифт и ведёте обратный отсчёт от десяти этажей, расслабляясь всё больше и больше с каждым пройденным уровнем. Во время этой медитации особенно важно максимально расслабиться, так что уделите побольше времени этой части — отведите на это примерно половину всей медитации. Цель — добиться такого же расслабленного состояния, в котором мы все находимся прямо перед пробуждением: часто это самый расслабленный момент нашего дня.

Как только вы погрузите всех в состояние глубокого расслабления, попросите каждого создать своё безопасное место, где он хотел бы встретить инопланетное существо. Это может быть сакральное место, парк, луг, пляж, где Джоди Фостер встретила своего "отца" в фильме "Контакт", галактическая космическая станция итд. Если вы используете метод лифта, пусть его двери откроются в это безопасное место. Когда каждый человек окажется в своём месте, попросите их изложить детали: достопримечательности, звуки, запахи, почва под их ногами. Пусть они придут пешком в то место, где встретятся с существом.

Попросите каждого создать своё приглашение на выбор: телефонный или телепатический звонок, письмо, электронное письмо и так далее. Визуализируйте, как существо получает сообщение и начинает свой путь.

Теперь представьте первый уровень контакта. Видите ли вы вдалеке космический корабль? Или существо, стоящее на дальнем краю пляжа? Обдумайте это на миг. Привыкните к этому и продолжайте дышать и чувствовать глубокое расслабление.

Теперь скажите группе попросить существо подойти поближе. Дайте группе около пяти минут на то, чтобы установить контакт с этим существом в самом комфортном для них темпе. Напомните им продолжить создавать состояние глубокого расслабления. Укажите вашей группе на то, что каждый управляет этим взаимодействием и что они могут попросить существо приблизиться или отступить в любой момент. Скажите им, что, если они ощущают дискомфорт или страх, то нужно вдохнуть эти чувства и позволить им растаять, заменяя их на доверие, любовь и благодарность.

По прошествии времени проинструктируйте группу закончить общение с существом.

Попросите их поблагодарить существо и послушать, что оно ответит. Когда существо начнёт удаляться, напомните группе о чувстве расслабленности. Попросите их обратить внимание на то, как они себя чувствуют: впечатлены ли они своей возможностью управлять своими собственными эмоциями и осуществить это взаимодействие? Испытывают ли они благодарность за то, что, по их мнению, является репрезентацией или реальным взаимодействием доброжелательности и любви? Позвольте им насладиться теплом этого взаимодействия после ухода существа.

Теперь аккуратно верните каждого человека в нашу общую реальность. Если вы устроили поездку в лифте, поднимитесь наверх, всё больше пробуждаясь с каждым этажом. Попросите людей пошевелить пальцами рук и ног, если они того хотят, и сделать несколько глубоких вдохов, привыкая к вашему месту.

Хаторы помогали жителям Древнего Египта. Эта репрезентация из музыкального инструмента, 664—525 *B.C.*

Быстрая и эффективная *CE-5* медитация (Деб Уоррен)

1. Представьте огромный золотой энергетический шар, формирующийся рядом с вашей сердечной чакрой, становящийся всё больше и ярче, и потом он двигается слева направо по кругу в направлении против часовой стрелки, проходит через сердечную чакру каждого присутствующего человека. Он вращается всё быстрее, формируя золотое кольцо, и наша группа начинает чувствовать большее единство, потом он вращается ещё быстрее, превращаясь в плоский золотой диск, и мы начинаем чувствовать ещё большее единство — мы отправляемся в это путешествие вместе единой группой.

2. Теперь мы начинаем петь мантру единой группой: Им На Ма. Им На Ма, Им На Ма, формируя в разуме тетраэдр Меркаба. И теперь диск превращается в золотой инопланетный корабль, окружающий всех нас. Он начинает мягко подниматься вверх, неся с собой наши астральные/световые тела, и останавливается прямо над нами.

3. А сейчас… мы совершаем гиперпереског.

4. Теперь мы находимся на геостационарной орбите, высоко над нашим местоположением на Земле. Поищите планету Сатурн — это и есть пункт нашего назначения.

5. А сейчас… мы совершаем гиперпереског.

6. Теперь мы над кольцами Сатурна, и мы видим огромную инопланетную космическую станцию на орбите между кольцами и планетой. Мы влетаем в ангар и ищем, куда бы припарковать наш золотой корабль. Мы мягко приземляемся, и золотой корабль исчезает.

7. Это место похоже на Большой центральный вокзал. Оно переполнено множеством и множеством существ, прибывающих и отбывающих. Никто, кажется, не замечает нашего прибытия, и мы не знаем, куда дальше идти.

8. Мы собираемся группой и тихо стоим. Посылаем это телепатическое сообщение: мы люди с Земли, и мы прилетели на эту космическую станцию впервые. Пожалуйста, направьте к нам проводника.

9. Практически сразу мы замечаем группу инопланетян, пробирающихся через толпу. Скоро они стоят прямо перед нами, маня пальцем, показывая таким образом, что нужно следовать за ними. Мы следуем.

10. Нас отводят в боковую комнату на ангарном причале, и дверь закрывается со свистом, и внезапно шум снаружи затихает, и наступает тишина. Для взаимодействия с каждым из нас здесь присутствует по крайней мере один инопланетянин, но их может быть и больше. Вы можете попросить провести для вас экскурсию по этой космической станции, вы можете попросить объяснений, и появится устройство с экраном, чтобы помочь вам разобраться. Вас могут попросить отправиться в огромный конференц-зал и провести

презентацию. Сейчас я дам вам пару минут, чтобы пережить этот опыт, и вне зависимости от того, насколько длителен ваш опыт, этих нескольких минут будет достаточно.

11. На заметку координатору: вы почувствуете, когда все закончат своё путешествие, и потом инициируете обратный путь на Землю.

12. Где бы вы ни были и что бы ни делали, задайтесь целью вернуться к группе, ожидающей вас на ангарной палубе. Попрощайтесь с инопланетянами, дайте им почувствовать вашу благодарность, как вы счастливы, и дайте им знать, что вы бы с удовольствием вернулись снова.

13. Мы стоим в кругу, все вернулись.

14. Представьте огромный золотой энергетический шар, формирующийся рядом с вашей сердечной чакрой, становящийся всё больше и ярче, и потом он двигается слева направо по кругу в направлении против часовой стрелки, проходит через сердечную чакру каждого присутствующего человека. Он вращается всё быстрее, формируя золотое кольцо, и наша группа начинает чувствовать большее единство, потом он вращается ещё быстрее, превращаясь в плоский золотой диск, и мы начинаем чувствовать ещё большее единство.

15. Теперь мы начинаем петь мантру единой группой: Им На Ма. Им На Ма. Им На Ма. И теперь диск превращается в золотой инопланетный корабль, окружающий всех нас. Он начинает мягко

подниматься вверх, неся с собой наши астральные/световые тела, и вывозит нас с ангарного причала, останавливаясь над кольцами Сатурна. Мы ищем бледную голубую точку — Земля.

16. А сейчас… мы совершаем гиперперескок.

17. Теперь мы снова на геостационарной орбите прямо над нашим местом на Земле, мы снова видим сияние Солнца на Земле, и теперь мы фокусируемся на местоположении прямо под нами.

18. А сейчас… мы совершаем гиперперескок.

19. Наш золотой корабль находится прямо над нашими физическими телами, и теперь он опускается вниз, возвращая наши астральные/световые тела в наши физические тела.

20. Когда вы готовы, сделайте глубокий вдох, откройте глаза и пошевелите вашим телом, чтобы обозначить, что вы вернулись.

21. Все должны хранить тишину до тех пор, пока каждый не вернётся.

22. Когда все вернутся, пригласите людей прокомментировать их впечатления во время медитации. Никто не обязан делиться. Вы можете спросить, есть ли в группе кто-либо, не испытавший вообще ничего. Во время следующего мероприятия вы уделите особое внимание этому человеку, чтобы убедиться, что он или она является частью группы. Вы также можете попросить других членов группы сфокусироваться на них.

Межпланетный совет

Из книги Дона Дениелса "Эволюция через контакт"
Чтобы узнать больше об этой книге и получить доступ к другим ресурсам, зайдите на сайт Дона:
http://www.becomingacosmiccitizen.com/index.html

Удобно устройтесь в жёстком или мягковатом и относительно прямом стуле, раздвинув ступни и положив руки на колени ладонями вниз. Сделайте по крайней мере семь медленных, глубоких вдохов, вдыхая как можно медленнее и глубже, потом задерживая дыхание на комфортное для вас время, и потом выдыхая как можно медленнее и глубже, и снова задерживая дыхание на комфортное время.

Продолжайте, фокусируясь на своём дыхании, пока не достигнете состояния глубокого расслабления. Теперь визуализируйте, как ваше дыхание входит через макушку головы (как у дельфина), перемещается вниз через всё ваше тело и выходит из основания вашего позвоночника и стопы ног на выдохе. Позвольте вашему дыханию принести чистую любовь и сострадание, и выдыхайте все негативные мысли или эмоции, таким образом очищая себя с каждым выдохом.

Теперь начните фокусироваться на паузе между вдохами, и вы заметите, что в этой паузе кроется момент глубокой тишины. Аккуратно погрузитесь в эту тишину и позвольте ей стать всё дольше и дольше с каждым вдохом, пока, наконец, тишина не заполнит всё дыхание. Осознайте само осознание, не случайный звук, который вы можете услышать, но тот, с помощью которого вы сможете услышать этот звук. Таким образом, звуки не будут отвлекать, но станут подтверждением вашей связи с фундаментальным осознанием, наполняющим каждое осознающее своё сознание существо во Вселенной. Потом отпустите этот звук и снова сфокусируйтесь на общении с глубокой тишиной, которая начинается между вдохами, так как это ваша связь с космическим сознанием, коллективным сознанием самой Вселенной.

Теперь представьте, что вы дельфин, играющий в океане, прыгающий, вращающийся и ныряющий с единственной целью повеселиться. Наслаждайтесь радость вашего восприятия и свободы. Глубоко нырните в этот океан чистого сознания и потом всплывите на поверхность так быстро, как только можете, прыгните в воздух и продолжайте полёт всё быстрее и быстрее через атмосферу, мимо Луны, мимо наших планет и за пределы Солнечной системы. Заметьте, как звёзды пролетают мимо всё быстрее и быстрее, пока вы не окажетесь в межгалактическом пространстве, наслаждаясь всеми этими великолепными галактиками вокруг вас. Общайтесь с глубокой тишиной и порассуждайте над тем, насколько красивую Вселенную выковал Создатель. Осознайте, как все мы связаны через это создание и нашу связь с космическим сознанием, и как все мы "едины" друг с другом! Теперь сформулируйте намерение посетить межпланетный совет и позвольте своему сознанию вести вас в правильном направлении. Вы можете путешествовать со скоростью сознания, так что вы должны прибыть на место довольно скоро. Приближаясь, обратите внимание на свои впечатления от корабля или здания. Теперь спросите разрешения войти внутрь. Скорее всего, вас кто-то сопроводит, или же вы просто окажетесь внутри.

Поприветствуйте всех сопровождающих с уважением и скромностью, объясните им, что вы хотите нанести визит в качестве граждан, представляющих Землю, и спросите, можете ли вы посетить палаты совета. Войдите с таким же почтением, с каким вы бы посетили Генеральную Ассамблею ООН. Скорее всего, вас проведут на смотровую площадку. Оттуда взгляните на палаты и прочувствуйте их. Каков размер этой комнаты, какой она формы, насколько высок потолок, как выглядят стены, и из какого материала, по вашему мнению, она сделана? Есть ли там стол и место для переговоров, как это выглядит? Находятся ли какие-либо предметы на столе или над ним?

Теперь обратите особое внимание на дипломатов, которые могут там присутствовать. Какое впечатление они на вас производят? Обратите внимание на их физический внешний вид и на любые эмоциональные впечатления или телепатические сообщения или впечатления, которые вы можете получить. Вы можете обнаружить, что вы устанавливаете контакт с одним из дипломатов. Предложите свою готовность помочь в эволюции человечества до того момента, пока мы не станем полноправными галактическими гражданами. Теперь сосредоточьтесь на впечатлениях, полученных обратно.

Теперь поблагодарите за возможность визита и приготовьтесь уйти. Позвольте вашему сознания вернуться наружу и быстро прилететь назад в нашу галактику, к нашему Солнцу, к нашей Земле и обратно в ваше тело. Ваше сознание знает правильный путь и не потеряется. И теперь медленно и осторожно начните возвращаться в обычное пробуждённое сознание, всё больше просыпаясь с каждым вдохом.

Пока всё свежо в памяти, сделайте записи о полученных впечатлениях и положите блокнот рядом с вашей кроватью. Вероятнее всего, в течение следующих нескольких недель вы обнаружите идеи и вдохновение, появляющиеся в вашем сознании, особенно во время гипногогического состояния, когда вы засыпаете или просыпаетесь, так что очень полезно иметь под рукой блокнот, чтобы записывать любые приходящие впечатления.

Резонансная энергия (СЕ-5 Аотеароа, Новая Зеландия)

Главная цель этой медитации — осуществить наилучший обмен или загрузку тонких энергий, которые часто появляются во время полевых работ групп СЕ-5.

Заземление очень важно, и мы рекомендуем всем стоять ногами на земле во время этого процесса. При желании группы также могут держаться за руки или даже встать в круг близко друг к другу для направленной части.

Начните с общей разминки, попросите команду расслабиться, сделать медленные глубокие вдохи и сконцентрироваться. Вдыхайте мир и спокойствие, позвольте всем волнениям и беспокойствам уйти через ступни в Землю с выдохом. Попросите Землю забрать все волнения и беспокойства и справиться с ними, помочь нам сфокусироваться на нашем существующем намерении. Вдыхайте через нос и выдыхайте через рот. Попросите всех представить/вообразить или просто "ПОЗВОЛИТЬ" рукам своего энергетического/астрального тела быстро достичь центра Земли, собрать немного её энергии и доставить эту энергию к первой чакре. Это можно выполнить довольно быстро — отправить свой запрос на выходе и получить энергию на вдохе. Обычно мы делаем это ТРИ раза для каждой чакры перед тем, как её активировать, так как это усиливает чувства, однако, если люди хорошо знакомы с этой практикой, то можно обойтись одним

разом для каждой чакры. Для тройного метода УДЕРЖИВАЙТЕ или храните энергию в чакре первые два раза, отправляясь за очередной её порцией. На третий раз быстро ОТКРОЙТЕ вашу первую КРАСНУЮ чакру, потом расслабьтесь, наблюдая за её сиянием, вращением и так далее. Потом продолжайте тянуться к центру Земли на выдохе, соберите больше энергии и поднесите её рядом со второй чакрой, пропуская энергию через первую чакру в процессе [согласование]. Повторите эту процедуру, пока все не согласуют и не откроют свои чакры КРАСНУЮ-ОРАНЖЕВУЮ-ЖЁЛТУЮ-ЗЕЛЁНУЮ-ГОЛУБУЮ-ИНДИГО-ФИОЛЕТОВУЮ.

Далее необходимо согласовать резонанс группы, последовательно поделившись энергиями этих чакр. Попросите всех присутствующих передать свет их первой, красной чакры человеку справа, принимая такую же энергию от человека слева. Быстро повторите то же самое, попросив группу ускорить процедуру так, чтобы мы образовали красное кольцо энергии против часовой стрелки на этом уровне. Переместитесь наверх ко второй, оранжевой чакре и повторите процесс. Продолжайте, пока не дойдёте до коронной фиолетовой чакры. Теперь энергетические центры всей группы единообразно резонируют. Это действие должно распространяться и на ДРУГИХ ПРИСУТСТВУЮЩИХ [инопланетян, небесных существ и так далее], активно работающих с нами. Это означает, что резонанс распространяется через ОБЕ группы. Сердечный центр является основным, но это достаточно легко обсудить с группой, добавив этот процесс перед началом.

Как только эти кольца чакр установлены, необходимо установить общую единую форму, через которую энергии смогут перемещаться в ОБОИХ направлениях.

Попросите всех визуализировать, как кольца опускаются вниз так, чтобы они располагались на одном уровне с сердечной чакрой. Вверх от короны и вниз от основы. Это создаст тороид, позвольте ему смешаться и стать белым кольцом света, вращающимся против часовой стрелки точно так же, как вращались первоначальные кольца.

Теперь отправьте обратно к центру Земли вращающийся ПО ЧАСОВОЙ СТРЕЛКЕ спиральный вортекс из этого тороида. Это "указатель" для того, что последует дальше. Попросите Землю отправить нам обратно поток энергии, вращающийся против часовой стрелки, который в точности повторяет только что созданный нами вортекс; как только он дойдёт до вас, представьте/вообразите/позвольте ему начать оборачиваться вокруг тороида сердца, следуя вокруг него по направлению против часовой стрелки, как спираль. Теперь отправьте наверх

тем, с кем мы работаем, энергетический вортекс, вращающийся ПРОТИВ ЧАСОВОЙ СТРЕЛКИ, в качестве указателя, который будет раздвоен. Попросите их ответить, отправив вниз вортекс, вращающийся ПО ЧАСОВОЙ СТРЕЛКЕ, с траекторией, идентичной нашему указателю; как только он появится, позвольте ему обернуться вокруг нашего тороида, вращаясь по часовой стрелке над ним и вокруг него. Позвольте ему "бежать" с любой скоростью, необходимой для резонирования.

Эта форма ОЧЕНЬ МОЩНАЯ, и вы можете испытать значительные энергетические потоки.

Попросите группу надёжно сохранить это "видение", это энергетическое поле внутри их разума, пока вы приступаете к тихой части медитации, во время которой вы стремитесь исполнить намерение, обозначенное группой для СЕ-5. Позвольте инопланетным/небесным существам, или с кем бы вы ни хотели работать, использовать это резонирующее поле для взаимодействия с вашей группой. Особенно пригласите необходимую небесную/космическую энергию интегрироваться/загрузиться в мысли группы через этот процесс и резонирующую форму, и попросите всех желающих впитать/слиться с этими энергиями, позволяя им в результате распространиться полезным образом.

Медитации: Очищения

Медитации очищения энергии помогают поднять вашу вибрацию и стать более осведомлёнными во всех видах инопланетных коммуникаций, внутренних и внешних. Для этого можно просто благословлять и благодарить каждую клеточку вашего тела или купаться в высшем свете. Очень эффективно растирать зубровку или шалфей: это создаёт густой нейтральный заряд, отпуская негативную энергию и очищая вас и священное пространство. Для более комплексного очищения попробуйте любое из лечений/очищений на следующих страницах.

Очищение чакр

Пройдитесь по всем чакрам, начиная с корневой и поднимаясь вверх. Увидьте, как каждая чакра становится ярче, легче, отчётливее. Вдохните в каждую чакру и очистите её от мусора, напряжения, дисбаланса или неподвижности. Читайте вслух соответствующий блок и отпускайте негативные эмоции и ложные убеждения. Мысленно увидьте, как каждая чакра ярко сияет и освещает ваше тело. Почувствуйте энергию чакры, свободно перетекающую или вращающуюся.

Корневая чакра
Основание позвоночника/тазовое дно/гениталии – красная – выживание. Блокируется страхом. Примите чувство страха и знайте, что в конечном итоге страхи нереальны.

Сакральная чакра
Нижняя часть живота/пониже пупка – оранжевая – удовольствие. Блокируется чувством вины. Простите себя.

Чакра солнечного сплетения
Верхняя часть живота/над пупком – жёлтая – сила воли. Блокируется разочарованиями. Примите все уроки.

Сердечная чакра
У сердца – ярко-изумрудная – любовь – блокируется скорбью. Примите и отпустите потери и жизненный процесс. Всё меняется, приходит и уходит, но любовь всегда остаётся и является бесконечной энергией.

Горловая чакра
Горло – аквамариновая – правда – блокируется ложью, которую мы себе внушаем. Посмотрите себе в глаза и позвольте себе быть неидеальными, уязвимыми, заслуживающими.

Чакра третьего глаза
Середина вашего лба над глазами – индиго – свет – блокируется иллюзией разлуки. Допустите идею и знание того, что все мы одно целое.

Коронная чакра
Макушка вашей головы – фиолетовая – чистая космическая энергия – блокируется земными привязанностями. Отпустите всё любимое, осознавая, что ничто по-настоящему не исчезает.

Исцеление негативных влияний/Очищение
(Джеймс Гиллиланд — ECETI)

Исцеление необходимо для всех, кто желает оперировать в других сферах сознания. Если вы испытываете негативные вибрации, они являются либо негативными мыслеформами, телепатическими связями или потерянными душами, нуждающимися в исцелении. Они притянуты к вибрации Земли из-за своей низкой вибрации. Некоторые из них склонны к принуждению и желают манипулировать и контролировать. Любовь исцеляет. Во время всех исцелений помните, что Бог есть любовь. Исцеляет и поднимает именно сила любви.

1. Закройте свою ауру, визуализируя белый или золотой свет вокруг себя.

2. Призовите избранного вами культурного представителя Бога, будь то Иисус, Будда, Бабаджи, Мария, Мохаммед, Белый Орёл или любой другой из Многих Прекрасных Христосов.

3. Скажите сущностям, что они исцелены и прощены, возвышены и просвещены.

4. Скажите им, что они исцелены и окружены Христовым светом и Христовой любовью.

5. Попросите выбранного вами представителя взять их в прекрасное для них место.

6. Попросите, чтобы все негативные мыслеформы и ограничивающие ментальные концепты растворились и разрушились под светом правды.

7. Попросите, чтобы все телепатические связи были исполнены, и закройте их ауры для всего, кроме духа наивысшей вибрации.

Повторяйте процесс до тех пор, пока не почувствуете себя очищенными. Вам может понадобиться больше одного исцеления. Помните, что ваше слово обладает огромной силой и воплощается в жизнь моментально. Девять десятых успеха заключается в намерении. Намереваясь помочь и излечить, вы привлечёте подобных сущностей. Намереваясь принуждать и манипулировать, вы снова привлечёте сущностей с подобными мыслями. Иногда на ваш свет будут прилетать самые разные духи, как мотылёк на пламя огня. Не осуждайте себя, просто излечите их. Проблема у них, а не у вас. Им нужна ваша помощь. Короткая версия очищающей молитвы — после выполнения вышеуказанного списка. Призовите вашего главного учителя или проводника и других святых существ во Христе или выше.

> МЫ ПРИВЕТСТВУЕМ ВСЕХ СУЩНОСТЕЙ С ЛЮБОВЬЮ И СВЕТОМ
>
> МЫ РАЗГОВАРИВАЕМ С ВАМИ ОТ ЛИЦА НАШЕГО ГОСПОДА БОГА
>
> ГОВОРЯ ВСЕМ ВАМ, ЧТО ВЫ ИСЦЕЛЕНЫ И ПРОЩЕНЫ
>
> ВОЗНЕСЕНЫ И ПРОСВЕЩЕНЫ
>
> ИЗЛЕЧЕНЫ И ПРОЩЕНЫ
>
> ВОЗНЕСЕНЫ И ПРОСВЕЩЕНЫ
>
> НАПОЛНЕНЫ И ОКРУЖЕНЫ ХРИСТОВЫМ СВЕТОМ И ХРИСТОВОЙ ЛЮБОВЬЮ
>
> И МЫ ПРОСИМ У ПРЕКРАСНЫХ МНОГИХ СОПРОВОДИТЬ ВАС В ИДЕАЛЬНОЕ ДЛЯ ВАС МЕСТО
>
> ИДИТЕ С МИРОМ

(Обратитесь к книге Джеймса "Воссоединение с Источником" для более продвинутых исцеляющих техник)

Очищение вдыханием энергии Земли
(Маленькая Бабушка Киша)

Встаньте босыми ногами на Землю. Вы можете сделать это и в помещении, только снимите вашу обувь. Начните вдыхать зелёный цвет, цвет энергии Земли, наверх через ступни; почувствуйте, как эта энергия Земли наполняет каждую вашу клеточку и питает каждый миллиметр вашего тела; с первым вдохом проведите эту энергию до колен, потом выдохните её вниз и наружу через ваши ступни, обратно в Землю.

Со вторым вдохом проведите эту зелёную энергию до основания вашего таза (первая чакра) и выдохните её обратно в Землю, чувствуя, как она окутывает ваши бёдра, ваши колени, ваши лодыжки и уходит вниз через ваши ступни. Если в процессе вам трудно связаться с какой-либо областью вашего тела и почувствовать наполнение энергией, продолжайте вдыхать энергию наверх в эту область до тех пор, пока вы не будете готовы двигаться дальше.

С третьим вдохом проведите энергию к нижней части вашего таза, прямо под пупком (вторая чакра) и выпустите её обратно вниз, в Землю. Обязательно фокусируйтесь на каждой конкретной части вашего тела, опуская энергию вниз; не спешите, визуализируйте и почувствуйте перемещение энергии вниз, наполнение ею ваших конечностей, ваших мышц, крови, костей, клеток.

С четвёртым вдохом проведите энергию к середине вашего живота (третья чакра) и почувствуйте, как она циркулирует и проникает в ваше солнечное сплетение. Многие из нас хранят много подавленных эмоций в этой части тела, которая связана с нашей волей и чувством расширенных возможностей, общим ощущением того, кем мы являемся. Вам может понадобиться сделать несколько вдохов для этой области. Позвольте исцеляющей энергии Земли мягко раскрыть ваш живот и расслабить напряжённые места, которые держатся за старые энергии и страхи. Когда вы почувствуете себя расслабленно и открыто и ощутите разливающееся по этому месту тепло, тогда вы можете продолжить.

С пятым вдохом проведите энергию к вашей груди (четвёртая чакра) и почувствуйте, как она оборачивается вокруг вашего сердца и проникает в него. Почувствуйте, как она расширяется в вашей грудной клетке, ваших лёгких, ваших рёбрах. Сердечная область хранит в себе огромное количество старых эмоций, и многие из нас носят там глубокие травмы. Позвольте Матери Земле мягко коснуться этого места внутри вас. Выполняйте это дыхание столько раз, сколько необходимо, пока не почувствуете распространяющееся тепло, расслабление и открытость в этой области. Позвольте всему удерживаемому уйти обратно в Землю, позвольте этому растаять и вытечь через ваши ступни обратно в Землю. Так же, как мать не испытывает боли, успокаивая своих детей и принимая их скорби и проблемы, такое общение с Матерью Землёй никогда не вредит ей.

С шестым вдохом проведите энергию к вашему горлу (пятая чакра) и почувствуете, как она открывает эту область, связанную с вашим голосом и

вашей правдой. Потом выдохните её обратно в Землю.

С седьмым вдохом проведите энергию к середине вашего лба между глазами (шестая чакра — третий глаз) и почувствуйте, как эта часть вашего тела, связанная с духовным видением, высшим восприятием и интуицией, открывается, и Мать Земля мягко её ласкает. Выдохните обратно в Землю.

С восьмым и последний вдохом проведите энергию на самый верх к макушке вашей головы (седьмая чакра — корона) и почувствуйте, как ваша макушка открывается духовному наставничеству и космическому свету. Почувствуйте, как энергия Матери Земли ласкает и раскрывает эту область, заземляя вас между Землёй и небом, словно дитя Земли и космоса. Заполните ваше лицо, ваш череп, ваш мозг, ваши гланды, ваши волосы этим заботливым зелёным светом, связывающим вас со всем живым. Выдохните энергию через ваши руки с последним выдохом — вниз по рукам и наружу через ладони, обратно к Матери Земле. Таким образом создаётся полный энергетический круг. Теперь вы соединены с тем, что поддерживает вас в жизни, что всегда рядом. Эта мощная зелёная энергия жизненной силы может помочь вам исцелить, оживить и сбалансировать всё ваше существо.

Медитация заземления и космической энергии
(Холлис Полк)

Сядьте, пожалуйста, поудобнее так, чтобы ощущать хорошую опору, поставьте ваши ступни на пол и удобно положите ваши руки на колени или на ручки стула.

А теперь… Закройте, пожалуйста, глаза и сделайте глубокий вдох. Вдохните очень глубоко и на выдохе просто… расслабьтесь… сознательно расслабляя ваши мышцы и растворяясь в том, на чём вы сидите. А теперь… сделайте ещё один глубокий вдох… и почувствуйте, как ваше сидение поддерживает вас, насколько оно лёгкое и удобное, и прочное… теперь сделайте ещё один глубокий вдох и на выдохе обратите внимание на температуру воздуха на вашей щеке и просто позвольте этому… расслабить вас… ещё больше…

Сделайте ещё один глубокий вдох… а на выходе начните фокусироваться на основании вашего позвоночника… И со следующим глубоким вдохом… и следующим глубоким выдохом… представьте, что у основания вашего позвоночника находится маленькая пробка… и просто… аккуратно… ослабьте её… и теперь представьте, что вниз от основания вашего позвоночника течёт энергетический заряд… эта энергия может выглядеть как провод или цвет, стремящийся

вниз, или она может ощущаться, как текстура или температура, или вы даже можете услышать её как тональность… плывущую мягко, легко и автоматически… вниз от основания вашего позвоночника через ваше сидение… вниз в пол… и через пол и пространство внизу и через все этажи и пространства под ними… и через основание здания, и вниз в грязь под ним… и позвольте ей продолжить утекать вниз… вниз… вниз… через грязь и в коренную породу под вами… утекая вниз… через коренную породу, через земную кору, вниз к мантии Земли… вниз… вниз… вниз… в расплавленное ядро Земли… и позвольте всему в вашем теле или любой энергии внутри или вокруг вас, нуждающейся в исцелении или трансформации, утечь вниз по вашему заземляющему проводу в землю, где Мать Земля сможет излечить её и трансформировать.

И позвольте небольшому количеству этой излечивающей и трансформирующей энергии начать подниматься по проводу, параллельному вашему заземляющему проводу… эта энергия может выглядеть как луч света определённого цвета, поднимающийся наверх, или вы можете ощутить её как температуру или текстуру, или вы даже можете услышать её как тональность... или гармонию... И позвольте этой замечательной энергии подняться... вверх от ядра Земли, вверх через земную мантию, вверх в земную кору и через земную кору, вверх в коренную породу под вашими ногами, вверх в грязь, вверх в основание здания, вверх через пространство над ним, вверх через пол, вверх в ожидающие её открытые чакры ваших стоп.

Подушечка каждого пальца ног имеет маленькую чакру, как вортекс, открывающуюся, подобно диафрагме камеры. А в центре каждой ступни находится огромная чакра, которая также открывается, подобно диафрагме камеры. Достигая ваших стоп, замечательная энергия Земли плывёт вверх, мягко и легко, через открытые чакры стоп в ваши ступни, циркулируя сквозь них, излечивая и трансформируя, согревая и успокаивая, наполняя их этой замечательной энергией, замечательным светом или теплом, или даже текстурой или звуком. И, наполняя ваши стопы, она циркулирует через голеностопные суставы, согревая и исцеляя, успокаивая и трансформируя... отпуская...

И этот прекрасный цвет или тепло, или звук, или энергия продолжает подниматься вверх... вверх... вверх в ваши икры, проплывая вдоль костей, согревая и расслабляя, успокаивая и отпуская, и распространяясь в сухожилия, мышцы, фасцию, кожу и даже наполняя энергетическое поле вокруг ваших ног...

И энергия продолжает подниматься наверх, вращаясь и исцеляя через ваши колени, согревая, смягчая, отпуская...

И энергия продолжает подниматься вверх вдоль костей ваших бёдер, согревая и исцеляя, смягчая и расслабляя, ослабляя и отпуская. Она удаляется от костей, поступает в сухожилия, мышцы, фасцию, кожу и даже заполняет энергетическое поле вокруг ваших бёдер этим замечательным светом или теплом, или звуком, или энергией. Просто исцеляя и успокаивая, и расслабляя... отпуская...

И энергия продолжает вращаться и исцелять, двигаясь от ваших бёдер наверх к вашему тазу. Энергия объединяется и вращается, исцеляет и трансформирует, расслабляя мышцы и все внутренние органы. Это может выглядеть как свет, заполняющий ваш тазовый пояс, или ощущаться как энергия или тепло, или текстура, вы даже можете услышать звук. И по мере заполнения этой энергией вашего тазового пояса, вы заметите, как тоненький ручеёк этой замечательной энергии Земли продолжает двигаться вниз по вашему заземляющему проводу обратно в Землю, завершая цикл. Так, вы поймёте, что являетесь частью энергии Земли…

И во время этого процесса начните фокусировать своё внимание на центре Вселенной… и позвольте замечательному окрашенному свету… или, возможно, звуку… или теплу… или текстуре… начать опускаться вниз от центра Вселенной…

Вниз в галактику Млечного Пути…
Вниз в Солнечную систему…
Вниз в атмосферу Земли…
Вниз в небо над вашей головой…
И вниз в крышу над вашей головой…

И вниз через пространство над ней, через любые лучи и потолки, и даже полы, если таковые имеются, в пространство прямо над вашей головой…

И вниз в корону вашей головы… и оттуда к основанию вашего черепа и вниз вдоль задней части ваших позвонков… позвонок за позвонком… вдоль вашей шеи и вниз, вдоль позвонков в задней части груди и вдоль поясничных позвонков, к основанию вашего позвоночника.

И небольшое количество этой энергии течёт от основания вашего позвоночника вниз, вдоль вашего заземляющего провода, к центру Земли. Теперь вы знаете, что ВЫ являетесь связью между энергией Земли и космической энергией, между Матерью Землёй и Отцом Небом. Вы

даже можете почувствовать небольшое перетягивание у основания вашего позвоночника и на макушке вашей головы, осознавая эту связь… или вы можете почувствовать, что невольно сидите немного прямее на своём стуле…

И ещё больше этой замечательной космической энергии смешивается с вашим тазовым поясом… вы можете увидеть, что ваш тазовый пояс заполнен двумя цветами одновременно, или как они смешиваются, создавая третий цвет, или как один цвет пронизывают блёстки другого… что бы вы ни увидели, это нормально… вы можете испытать необычное чувство или услышать две тональности или гармонию… и этот замечательный цвет или звук, или чувство заполняет ваш тазовый пояс, расширяется в ваше энергетическое поле вокруг нижней части вашего туловища, и расширяется, поднимаясь вверх по передним каналам позвоночника, двигаясь вверх… вверх… вверх… мягко и легко, чтобы заполнить центр вашего сердца… и оттуда она расширяется, чтобы заполнить вашу грудь и ваши плечи, и энергия начинает опускаться вниз по вашим рукам, заполняя ваши руки и утекая и вращаясь вниз… вниз через ваши локти в нижнюю часть ваших рук и вниз через них в ваши запястья… вращаясь через ваши запястья в кисти ваших рук, заполняя их этим замечательным светом или звуком, или чувством… просто позвольте этому произойти… и энергия сочится наружу через ваши ладони и пальцы в окружающее вас пространство, заполняя пространство вокруг ваших кистей и ваших рук, и вашей груди этим замечательным цветом… или звуком… или чувством… И энергия снова начинает подниматься — наверх от ваших плеч в вашу голову… наполняя её этим замечательным чувством… или звуком… или цветом… до тех пора, пока энергия не вытекает наружу через макушку вашей головы в пространство в 46—61 сантиметрах над вашей головой, где она превращается в фонтан… энергия течёт вниз вокруг вашего энергетического поля, очищая его, исцеляя его, согревая его, расслабляя его, наполняя его этим замечательным исцеляющим светом или звуком, или чувством, очищая его… мягко убирая всё, что не приносит вам пользы…

И просто наслаждайтесь этим замечательным чувством, что вы являетесь связью между Землёй и небом внутри и снаружи себя…

И просто наслаждайтесь этим замечательным потоком энергии…

И когда вы будете готовы… вернитесь в свою комнату… откройте глаза…

пошевелитесь… вы можете захотеть нагнуться и потрогать пол, чтобы позволить избытку энергии выйти…

полностью находясь в своём теле

осведомлённые…

пробуждённые…

живые…

и

обновлённые!

Медитация заземления лёжа
(Холлис Полк)

Вы можете использовать эту медитацию для СЕ-5, когда вы лежите на одеяле под звёздами.

Лягте, пожалуйста, на спину, удобно откинувшись на подушки или что-то другое. Вам должно быть тепло, но достаточно прохладно, чтобы не заснуть…

Сделайте глубокий вдох… и на выдохе… просто позвольте себе почувствовать опору, на которой вы лежите… сделайте ещё один глубокий вдох и на выдохе… просто почувствуйте эту опорой вашей спиной… и задней частью ваших ног… почувствуйте эту опору вашими пятками и вашими руками.

Теперь… сделайте ещё один глубокий вдох… и на выдохе… почувствуйте температуру воздуха на своей щеке… по-настоящему обратите на неё внимание… тёплая ли она… холодная ли… нейтральная ли… одна ли и та же температура воздуха на обеих щеках… позвольте себе мягко заметить это…

Теперь… сделайте ещё один глубокий вдох… и на выдохе просто почувствуйте, насколько хорошо поддерживается ваша голова… и как расслабленно вы себя чувствуете…

Расслабляясь, вы можете начать замечать, как то, на чём вы лежите, становится частью земли. Из чего бы это ни было сделано, оно тем или иным образом происходит от земли, перья ли это, принадлежавшие уткам, которые ходили по земле и кормились с неё, древесина ли это, принадлежащая деревьям, растущим в земле, или даже ковёр, сделанный из масла из глубин земли… или что-то абсолютно другое… и таким образом, вы лежите на земле. И вы можете представить, что лежите прямо на земле… может быть, вы лежите на куче листвы или на лесной подстилке, или в поле травы, или на пляже, или в каком-либо другом замечательном природном месте… вы лежите на земле…

И вы можете начать позволять своим мышцам просто растаять в землю… позвольте своим рукам растаять… позвольте своим ногам растаять… позвольте своей грудной клетке растаять… просто почувствуйте, как они утопают в земле… и вы можете представить, как их энергия течёт вниз сквозь грязь под вами… вниз в коренную породу… вниз сквозь коренную породу в земную мантию… течёт вниз сквозь земную мантию быстро и легко… вниз в расплавленное ядро Земли.

Теперь представьте, что этот поток энергии — огромный провод, огромный заземляющий провод, соединяющий каждую клеточку вашего тела с самым центром Земли. И теперь представьте, что Мать Земля отправляет вам свою любовь в виде энергии вверх по заземляющего проводу. Эта энергия может выглядеть как… луч света определённого цвета, поднимающийся вверх… или вы можете почувствовать её как температуру или текстуру, или вы даже можете услышать её в качестве тональности… или гармонии… И позвольте этой прекрасной энергии подняться… вверх от ядра Земли, вверх через земную мантию, вверх в земную кору и через земную кору, вверх в коренную породу под вами, вверх в грязь, вверх в ваши ожидающие её клетки. И каждая ваша клеточка впитываем любовь Матери Земли и знает, что она связана с Матерью Землёй. И каждая клеточка возрождена и обновлена с помощью связи с Матерью Землёй.

Мать Земля хочет, чтобы у вас было много энергии. Возвращаясь в нормальную, пробуждённую осознанность, вы начинаете шевелиться легко и мягко. Возможно, вы шевелите вашими пальцами рук и ног, а потом кистями и ступнями. И теперь ногами и руками и даже вашей головой, и корпусом. Вы чувствуете себя…

осознанными…

пробуждёнными…

живыми…

обновлёнными…

и готовыми действовать!

Удалённое видение

Удалённое видение является действенным методом общения с инопланетянами, рекомендованным астронавтом д-ром Эдгаром Митчеллом. Д-р Митчелл создал организацию *FREE*. Один из самых давних постоянных членов нашей группы, Кейко, изучает удалённое видение. Вот чем она хочет поделиться:

RV (от англ. *Remote Viewing*, удалённое видение) — это практика, помогающая нам развить нашу врождённую способность видеть и ощущать определённые места, физические структуры, людей, события без необходимости там присутствовать. Обладая удалённым видением, можно наблюдать, слышать, обонять, распознавать вкус, испытывать ощущения и эмоции в режиме удалённого времени и пространства. Вы могли спонтанно испытать похожий паранормальный феномен, как, например, дежавю или предчувствие. В противоположность этому, *RV* выполняется осознанно, когда вы фокусируетесь на "цели", находясь в медитативном состоянии.

Как видеть удалённо

- Сидите тихо и освободите свой занятой разум, и очистите себя.
- Свяжите себя с целью и осознайте эту связь.
- Опишите и зарисуйте информацию, полученную через ваши пять или больше чувств, в необработанном виде. Другими словами, опишите информацию, не добавляя ничего от себя. (Синхронизация правого и левого полушария мозга). Вы пытаетесь уйти от воображения, воспоминаний и/или дедукции.
- Организуйте и проанализируйте информацию.

Способности/Взгляды, которые вы можете развить с помощью удалённого видения

Синхронизируя правое и левое полушария мозга во время практики *RV*, мы может развить наши экстрасенсорные способности. Также ощущение удалённых объектов позволяет нам испытать единство. Осознание того, что все мы связаны друг с другом нашими мыслями/намерениями, может побудить нас быть смиренными по отношению друг к другу.

Опытный инструктор по *RV* в Институте Монро сказал, что он никогда не встречал кого-либо, кто бы не смог что-либо увидеть или почувствовать после недельного семинара. Все мы обладаем этой способностью и можем её развить с помощью практики. Практика подтвердит вашу истинную природу нелокальности и связи с единым полем сознания.

Как начать практиковать удалённое видение

В своих *DVD* д-р Грир рекомендует тренировать нашу интуицию, выполняя эти упражнения:

- Почувствуйте звонящего перед тем, как ответить на звонок телефона
- Почувствуйте пришедшего перед тем, как открыть дверь
- Почувствуйте предмет, который кто-то положил в коробку, фотографию или записку, помещённую в конверт

Существуют разные методы и техники удалённого видения. Вы можете найти книги, *DVD*, семинары, сайты и так далее об *RV*. Существуют приложения и сайты, предлагающие цели для *RV*, как, например, http://www.rvtargets.com/. Регистрация и использование бесплатны.

<u>Как использовать удалённое видение для *CE-5*</u>

Находясь в поле во время *CE-5*, начните с медитирования с мантрой, звуком, визуализацией, направленной медитацией и так далее. Достигнув спокойного состояния, начните фокусироваться на вашей цели:

- Направьте инопланетян к вашему местоположению, отправившись в космос и потом осознанно вернувшись к вашему месту
- Посетите планету, галактику, звезду
- Встретьтесь с различными галактическими цивилизациями
- Встретьте звёздное существо
- Отправьтесь на международную космическую станцию
- Отправьтесь на галактическую встречу
- Отправьтесь на космическую станцию на кольцах Сатурна

Как было упомянуто ранее, удалённое видение — это не просто получение изображений, звуков, текстур и запахов из какого-либо места. Вы также можете распознавать эмоции, чувства и мысли, предлагаемые тем местом. У некоторых астронавтов возникали такие чувства и мысли, пока они парили в космосе:

- Все связаны друг с другом
- Это место знакомое, как дом
- Абсолюта не существует
- Мы должны заботиться друг о друге

Что вы увидите/почувствуете во время удалённого видения космоса, пока ваше тело находится в кругу в контактном месте?

<u>Ссылки</u>
Узнайте больше об удалённом видении, пройдя по следующим ссылкам.

Курс по удалённому видению Пруденса Калабресе (7 видео) https://youtu.be/uij1clj9FzY
Секретная история удалённого видения в США https://youtu.be/kUOu7MJnpO4
Инго Сванн — Человеческие суперспособности и будущее https://youtu.be/rHH5PBS2H_I
Д-р Хол Путхофф об удалённом видении https://youtu.be/FOAfH1utUSM
Джо Мак-Монигл, Хроники "Звёздных врат", *MUFON* обсуждение от 2/16/06
https://youtu.be/egk7V8XKRWQ
Джон Виванко Телепатический шпион — Часть 1 из 3 https://youtu.be/ZTEtvMoUjas
Джон Виванко Телепатический шпион — Часть 2 из 3 https://youtu.be/y0W8MHbZ9N0
Джон Виванко Телепатический шпион — Часть 3 из 3 https://youtu.be/NXvT0OC98Nc
Выученные уроки программы "Звёздные врата" с Эдвином Мэем https://youtu.be/L811nO601sg

Биоэлектромагнитное общение

Люди имеют потенциал испускать очень мощное силовое поле. Доказательством этого для меня послужил произошедший со мной случайный момент телекинеза. Мы считаем, это этот раздел является передовым для *CE-5* и нашей собственной эволюции. Большое спасибо Джереми из *CE-5* Аотеароа в Новой Зеландии, который поделился с нами этой продвинутой техникой общения.

Главным фокусом этого процесса является энергетическое общение через биоэлектромагнитное поле сердца: торус. Он основан на экспериментальном изучении нескольких случаев подтверждённого близкого контакта и взаимодействия.

Принципы:

• Геометрическая фигура, используемая для описания самосознающей природы сознания, — это торус. Торус может использоваться для обозначения функционирования самого сознания; таким образом, у сознания есть геометрия.

• Торус позволяет формироваться энергетическому вортексу, изгибаясь назад вдоль себя и снова входя в себя. Он выворачивается "наизнанку", непрерывно втекая обратно в себя. Таким образом, тороидальная энергия непрерывно обновляет себя и непрерывно на себя влияет.

• Когда торус в балансе и течёт энергия, мы находимся в идеальном состоянии, чтобы быть аутентичным "я". Аутентичность является главным компонентов в общении с инопланетянами и небесными существами.

• Магнитное поле сердца имеет тороидальную форму и передаётся по всему телу и во внешнюю среду. Это невербальный энергетический механизм общения, который может быть использован для общения друг с другом, с окружающей средой и другими видами существ.

• Из-за того, что электромагнитные тороидальные поля голографические, вполне вероятно, что вся наша Вселенная присутствует в пределах частотного спектра единственного торуса. Это означает, что каждый из нас связан со всей Вселенной и имеет доступ ко всей информации в ней в любой момент.

План процесса:
Это краткое описание основного процесса, который должен быть использован в направленной медитации и организован координатором группы. Этот процесс не имеет жёстких рамок, он является "работой в прогрессе", и к нему нужно подходить творчески и гибко. Во время этого процесса могут произойти значительные контакты; поэтому адаптируемость часто необходима.

• Сфокусируйтесь на работе абсолютно единой командой *CE-5* с общим коллективным намерением вселенского мира и единства. Из тех, кто естественным образом резонирует с этим намерением, могут быть сформированы отдельные команды.

• Создайте согласованное тороидальное энергетическое поле внутри команды *CE-5*. Если вы занимаетесь этим впервые, сначала выполните медитацию резонансной энергии. Когда вы ознакомитесь с созданием согласованного тороидального энергетического поля, создайте его своим собственным способом, наиболее подходящим вашей команде, потом продолжайте этот процесс. Применяйте новые идеи.

• В своём сознании согните общее коллективное намерение команды в пределах структуры тороидального энергетического поля. Фокусируйтесь на единстве. Объедините свою основанную на сердце божественную волю с тороидальной формой и оживите полную цветовую гамму, видя форму отчётливее и ярче в сознании, заметьте, как она вас окружает. В своём сознании объедините её с другими в группе.

• Эмоции, энергия в движении. Зарядите тороидальное поле, наполнив центр вашего сердца любовью, счастьем, миром, благодарностью и так далее. Позвольте этим чувствам переполнить вас и слиться с вибрационной структурой торуса, ощущая усиление энергетического потока и видя, как в результате торус активизируется ещё больше. Сфокусируйтесь на единственной нулевой точке энергии сердца в центре круга, являющегося сердечным центром группы.

• Осознайте, что каждый из нас связан со всей Вселенной и в любой момент имеет доступ ко всей её информации через наш сердечный центр. Когда мы получаем доступ ко всему содержимому наших сердец, мы буквально подключаемся к безлимитным запасам и мудрости Вселенной. Это позволяет тому, что мы зовём чудесами, присутствовать среди нас. Примите это знание, существующее в нашем сердечном центре. Позвольте ему просто резонировать как Универсальная Истина и излучаться от нашего существа.

• Оставьте это пространство открытым для общения. Передавайте энергетическую информацию через электромагнитный тороидальный спектр сердца. Сначала сфокусируйтесь на энергетическом приглашении. Передайте это приглашение в непосредственное окружение и потом в отдалённое окружение, расширяя тороидальную форму в своём сознании. Увеличьте её в масштабе, чтобы она окутала всю планету, потом уменьшите её до размеров ближайшей местности. Повторите несколько раз, каждый раз расширяя её всё дальше, прямо в космос, непрерывно приглашая всех существ, резонирующих с этим намерением. Легко перемещайтесь в своём сознании через тороидальную связь. Осознайте, что информацию, посылаемую вами через эту форму, скорее всего получат другие разумные существа. Излучайте энергию приглашения и того, что, по вашему мнению, имеет общую важность в установлении связей. Убедитесь оставить место для ответов.

• Перемещайте своё внимание по всем параметрам общего тороида, расширяя тороидальную осознанность, представляя её одновременно бесконечно огромной и бесконечно маленькой внутренне и внешне. В своём сознании следуйте за сердечными магнитными притяжениями к определённым местоположениям, сначала в пределах близлежащей местности и потом в других параметрах. Отправьте в определённое место намерение связаться с существами, которые там могут быть. Позвольте себе по-настоящему расшириться и почувствовать как можно больше. Попросите их подтвердить своё присутствие очевидным и не поддающимся сомнению для вас и вашей команды способом. Если общение подтверждено, попросите команду сфокусировать энергию сердечного центра на том конкретном параметре и попросите существ присутствовать и максимально взаимодействовать. Удерживайте энергию, чтобы они могли связываться с вами и дальше, и наслаждайтесь своим положением посла Земли.

Музыка и звук

Барбара Марсиниак говорит о важности звука в её коллекции ченнелингов:

"Звук является инструментом трансформации. Хранители частоты, которыми мы призываем вас стать, учатся модулировать свою частоту с помощью звука. Звук может проникнуть в любую материю, двигать молекулы и реорганизовывать реальности. Вы можете начать работать со звуком, позволив ему играть через ваше тело. Сосредоточьтесь, очистите свой разум и позвольте тональностям пройти сквозь вас. Древние мистические школы работали со звуком таким образом, и это очень мощная техника, если выполнять её в группе. Используя звук на протяжении некоторого времени, вы сможете достичь многого. Это всё равно что дать мощный инструмент младенцу. Без необходимой осознанности вы можете что-то делать, не осознавая последствий.

"Подумайте об эффекте, производимым звуком на стадионах и в аудиториях. Подбадривание или освистывание толпой создаёт атмосферу. Когда ваши группы издают звук вместе, вы создаёте атмосферу для себя. Вы позволяете определённым энергиям играть на инструментах ваших тел. Вы отпускаете предвзятые идеи и позволяете разным мелодиям и энергиям использовать ваши физические тела как возможность явить себя планете. В действительности вы испытываете жизненную силу энергий, которой вы позволяете выражаться через самих себя. Вы становитесь каналами. Через ваши тела и вашу совместную работу вы позволяете вибрации оказаться на планете во всём своём великолепии. Вы позволяете чему-то родиться. Вы создаёте возможность, и энергия пользуется ею.

"Звук будет эволюционировать. Сейчас люди могут стать инструментами для звука с помощью тонирования. Некоторые комбинации звуков, воспроизведённые телом, открывают доступ к информации и частотам разума. Хранить молчание долгое время после гармоник позволяет людям использовать свои тела в качестве устройств для получения и впитывания частот и использовать дыхание, чтобы погрузиться в состояние экстаза. Когда вы тонируете с остальными, у вас появляется доступ к групповому разуму, которого у вас не было до создания звука. Ключевое слово здесь — "гармония".

"То, что вы намереваетесь делать со звуком, — чрезвычайно важно. Если ваши намерения чётко не определены, звук может захватить сам себя и перерасти свой первоначальный потенциал. Он удваивается и утраивается под своим собственным влиянием. Очень важно иметь чёткое представление о том, что вы хотите сделать со звуком. Звук разжигает энергию. Он создаёт стоячую столбчатую волну, строя частоту на частоте. Потом эта энергия может быть направлена на что угодно. Когда вы создаёте звук в кругу или в окружности столпа света, вы создаёте колонну, способную на гораздо большее, чем вы можете осознать. Она способна вызвать взрыв и разрушить или создать много реальностей".

Из "Приносящие Рассвет"
https://www.pleiadians.com/dawn.html

Использование звука в *CE-5*

Музыка является мощным инструментом. Она нас трогает, меняет и подбадривает. Звук может поддерживать нашу способность расслабляться и обращаться внутрь себя и позволяет нам легче связываться со вселенским единством.

Во время *CE-5* вы можете:

- Играть звуки/песни в качестве фона для групповых обсуждений, инструкций или медитации

- Играть звуки/песни в качестве основного фокуса группы

- Вместе петь

- Вместе скандировать

- Провести пуджу

- Гудеть

- Тонировать

- Барабанить

- Играть на диджериду

- Использовать поющие чаши

- Звонить в колокольчики

- Использовать камертоны

- И так далее

Выполняйте то, что для вас ближе, и дополняйте ваш план *CE-5* тем, что больше всего нравится группе.

Если вам интересно узнать о звуках как об излечивающем инструменте, вы можете:

- Отправиться на страницу Тома Кеньона об исцелении звуками: http://tomkenyon.com/music-sound-healing

- Послушать Моцарта или что-то, что вас вдохновляет. Самойя Шелли Йейтс рассказывает об этом в своей невероятной истории: https://www.youtube.com/watch?v=KHGyu_AXNWg&t=9s

- Отправиться в Институт Монро, чтобы получить хеми-синк *CD*: https://www.monroeinstitute.org/store

- Выполнить медитацию Омнек Онек "Путешествие души", являющуюся великолепной симфонией, протекающей через все состояния сознания: http://omnec-onec.com/meditation-cdsouljourney/

- Послушать первые три минуты Симфонии №7 Бетховена. Согласно Башару, эта музыка обладает глубоким исцеляющим эффектом: https://www.youtube.com/watch?v=RpJeWvFZ_fg&t=1675s

Пуджи

Пуджа — это церемония родом из Индии, восхваляющая и почитающая индуистских божеств. Она часто превращается в ритуал с атрибутами, например с огромным тхали (подносом), свечами, колоколом, латунными или серебряными чашами/мисками или ложками, чистой водой, шалфеем, ароматическими палочками, цветами, фруктами, сырым рисом и изображениями и/или фигурками Вознесённых Владык.

Пуджа поётся на санскрите. Санскрит считается основой всех индоевропейских языков. Он древний: он может быть остатками языка, на котором говорили во время последнего Золотого века, а его происхождение может быть межзвёздным. Считается, что слова в санскрите обладают звуковой интонацией, наиболее точно соответствующей тому, что это слово описывает. Некоторые считают, что, если правильно использовать этот язык с высшими состояниями сознания, то можно воплотить свои мысли в жизнь.

В контексте *CE-5* пуджа оторвана от религии. Церемония является не молитвой определённому божеству, а общей молитвой, поклонением или почитанием космоса или всего рода Вознесённых Владык (например, Будды, Бабаджи, Кришны, Иисуса, Саи Бабы и так далее), которые способствовали и всё ещё способствуют духовному развитию нашего мира. Проводить пуджу во время *CE-5* может быть очень легко. Положите несколько кристаллов или другие священные объекты на маленький стол, зажгите свечу и ненавязчивые благовония. Также хорошо жечь шалфей. Пропойте "Ом" несколько раз и потом некоторое время пойте пуджу. Оставьте свечу и благовония гореть до окончания *CE-5*.

Какие пуджи включить в *CE-5*:

Гуру Иша Йога Пуджа
Д-р Грир поёт очень длинную и увлекающую пуджу. Вам потребуется много времени на её запоминание, поэтому легче всего найти её на *YouTube* и конвертировать в mp3 с помощью онлайн конвертера (например https://ytmp3.com/). Ищите: *"Joshua Tree 2015 - Puja with Dr. Steven Greer"* https://www.youtube.com/watch?v=iN2dpW2mjn0

Им Нах Мах
Эта мантра переводится как "близкий к Богу" или "обладающий высшим существом". Мелодия такова: *G-C-C* (или любой другой пятый интервал). После того, как вы пропоёте эту мелодию несколько раз, чтобы все уловили мотив, побудите всех продолжать мысленно её петь на протяжении медитации.

Чтобы услышать её звучание, вы можете найти её на *YouTube* — забейте в строку поиска *"Cosmic Consciousness Meditation Part 1 of 5"* (https://www.youtube.com/watch?v=vo72V0S2me8)

Гаятри-матра

Эта мантра восхваляет богиню Гаятри, которая считается не божеством или полубогом, а единой высшей личностью. Приятная жизнерадостная пуджа прославляет наше движение к женскому началу, пока энергия Богини разрастается и набирает силу в это преобразующее время. Ищите на *YouTube "Gayatri Mantra"*, если хотите её послушать. Существуют несколько версий; выберите вашу любимую мелодию.

Ом Бхур Бхувах Сваха
Тат Савитур Варенйам
Бхарго Девасйя Дхимахи
Дхийо Йо Нах Прачодайат

Перевод:
(О) Высшая; (являющаяся) физическим, астральным (и) причинным мирами.
(ты) источник всего, заслуживающий всё поклонение
(О) Лучезарная, святая; (мы) медитируем (на тебя)
Направь наш интеллект (к освобождению и свободе)

Мула мантра

Эта мантра призывает живого Бога, прося его о защите и свободе от всех печалей и страданий. Ищите на *YouTube "Moola Mantra"*, чтобы услышать различные мелодии.

Ом
Сат Чит Ананда Парабрахма
Пурушутама Параматма
Шри Бхагавати Саметха
Шри Бхагавате Намаха

Перевод:
Ом: Мы призываем высшую энергию из всех существующих
Сат: Бесформенное
Чит: Сознание Вселенной
Ананда: Чистая любовь, блаженство и радость
Парабрахма: Высший создатель
Пурушутама: Воплотившийся в человеческом обличье, чтобы помочь направить человечество
Параматма: Являющийся ко мне в моём сердце и становящийся моим внутренним голосом
Шри Бхагавати: Святая мать, энергетический аспект творения
Саметха: Вместе с
Шри Бхагавате: Отцом творения, неизменным и постоянным
Намаха: Я благодарю тебя и осознаю это присутствие в своей жизни

Воздушное судно Пушпака Баласахеб Пандит Пант Пратинидхи, 1916 год

Тонирование и гудение

Кейко также имеет опыт в работе со звуками. Вот что она говорит о тонировании и гудении:

Наш собственный голос может быть инструментом, способствующим исцелению и трансформации на всех уровнях существования. Тонирование является отличным инструментом для эмоционального совершенствования и очищения. Оно может быть расслабляющим и в то же время вдохновляющим. Гудение может успокоить и погрузить вас в глубокое медитативное состояние.

Когда мы тонируем или гудим, процесс вокализации стимулирует наш мозг, и звуковая вибрация проходит через всё нутро наших тел даже перед тем, как мы слышим звук. Когда мы слышим звук, он ещё больше стимулирует мозг и заставляет всё наше тело вибрировать снаружи. Всё это влияет на нас на молекулярных уровнях и возвращает нас в естественное и сбалансированное состояние.

Звук также является переносчиком информации. Когда у нас есть цель, мы можем использовать звук с намерением. Это очень мощный способ воплощения чего-либо в жизнь, к тому же лёгкий и эффективный. Трансформация произойдёт, когда вы осознаете силу звука внутри вас и отдельно от вас. Точно так же, как когда вы тонируете с более, чем сотней человек, вы не можете различить свой собственный голос, но вы знаете, что являетесь частью гармонии.

Тонирование или гудение в группе повышает единство и энергию и усиливает намерения. Когда мы тонируем или гудим с любящими мыслями и благодарностью, мы способны создать мощное вибрационное поле любви и, таким образом, принести свет планете.

Тонирование и гудение также являются способами общения на высших вибрационных измерениям. В нашем измерении мы можем использовать тонирование и гудения для общения с детьми, животными, растениями и, конечно же, звёздными существами.

Как тонировать: обычно для тонирования используются длинные гласные звуки, например А (как в "чай"), ИИИ (как в "щи"), УУУ (как в "суп"), ООО (как в "до") и так далее. Часто для тонирования используется звук А, так как он ассоциируется с нашими сердечными чакрами и обладает мощной энергией. В буддийских техниках так же сказано, что А является изначальным звуком творения и что, поя А, мы можем стать единым целым с энергией Вселенной. ОМ, являющийся известным первозданным звуков творения (в индуистских традициях), поётся как АУМ (А-ООО-М).

1. Расслабьтесь.

2. Определите ваше намерение.

3. Пропойте гласный звук на одном дыхании. Повторите. Вы можете тонировать на любой резонирующей с вами комфортной ноте, с любой громкостью или качеством. Однако слушайте себя и остальных, чтобы сохранять гармонию. Если ваши голосовые связки напряжены, погудите немного, чтобы их расслабить.

4. После как минимум 5—10 минут тонирования погрузитесь в тишину, чтобы усилить эффект тонирования.

Как гудеть: гудение является самым простым способом создания наиболее эффективного самодельного звука. Говорят, что гудение — это звук творения, всегда присутствующий внутри нас. Так что мы всегда гудим, сознательно или нет.

1. Расслабьтесь. Определите ваше намерение.

3. Сомкните ваши губы и слегка приоткройте вашу челюсть.

4. Спроецируйте звук в ротовую полость, носовую полость и в остальную часть черепа и грудной клетки.

5. После как минимум 5 минут гудения погрузитесь в тишину, чтобы усилить эффект гудения.

Ещё немного о звуке

C#

Орбита Земли вокруг Солнца создаёт настолько низкое гудение, его невозможно услышать человеческим ухом. Согласно Башару, инопланетянину, посылающему сигналы через Дэррила Анку, этот звук находится примерно на той же частоте, что и нота C# (диез) на нашей музыкальной шкале. И хотя музыкальная дорожка Земли вокруг Солнца на 33 октавы ниже, чем среднее C на наших пианино, вы всё равно можете получить пользу, слушая эту частоту в уловимом для нас диапазоне. Башар говорит, что, если вы погрузите себя в этот звук, то обретёте ясность, и всё станет проще. Вы сможете видеть яснее. Земля вас поддержит, как поддерживает всё в природе. Вы можете проигрывать этот звук фоном, медитируя во время *CE-5*. На *YouTube* есть несколько версий:

> C# соло: https://www.youtube.com/watch?v=6Q3KsrB1KM4
>
> C# с мелодичными обертонами и бинауральными звуками:
> https://www.youtube.com/watch?v=SBMXxm9X3P4&t=1254s

Анаэль и Брэдфилд

Анаэль и Брэдфилд — музыканты, вместе создавшие проект *Fire the Grid*, возглавляемый Самойей Шелли Йейтс. (Её история потрясающа и связана с инопланетными существами — чтобы услышать её историю, забейте в строку поиска на *YouTube* "Shelley Yates Vancouver Speech"). *Sky Sent* и *Be Still Thy Soul* — две замечательные песни о раскрытии информации об инопланетянах и о происходящем сейчас изменении. Мне известно об одной группе *CE-5*, заметившей, что инопланетянам, кажется, нравится, когда они играют песню *Sky Sent*. Послушайте её слова, и вы поймёте, почему! Доступно на *iTunes*, или на сайте https://anael.net/.

Забавные песни об НЛО или инопланетянах:

Составьте плей-лист для поездки в особое удалённое место:

- Anael and Bradfield - *Sky Sent*
- Babes in Toyland - *Calling Occupants of Interplanetary Craft* (Cover)
- Billy Bragg - *My Flying Saucer*
- Billy Thorpe - *Children of the Sun*
- Blue Rodeo - *Cynthia*
- The Carpenters - *Calling Occupants of Interplanetary Craft* (Cover)
- Credence Clearwater Revival - *It Came Out of the Sky*
- David Bowie - *Starman*
- Elton John - *I've Seen The Saucers*
- Five Man Electrical Band - *I'm A Stranger Here*
- Husker Du - *Books About UFOs*
- Jefferson Airplane - *Have You Seen The Saucers?*
- Kesha - *Spaceship* (Kesha увидела несколько НЛО в Джошуа-Три в 2017 году)
- Klaatu - *Calling Occupants of Interplanetary Craft* (вдохновлено Всемирным днём контакта)
- Spiritualized - *Ladies & Gentlemen, We are Floating In Space*
- Yes - *Arriving UFO*

Образцы планирования СЕ-5

Создайте несколько СЕ-5, основываясь на одной из следующих программ, пока вы не разработаете свой собственный уникальный стиль:

<u>Наше типичное СЕ-5</u>
- В качестве подготовки медитируйте три раза в неделю, предшествующую полевой работе
- В день установления контакта сядьте в круг и установите намерение группы
- Для вступления вместе тонируйте слово "Ом" три раза
- Выполните медитацию с закрытыми глазами для связи с сознанием единого разума
- Сориентируйте всех по созвездиям, планетам, Полярной звезде и так далее
- Проведите ещё одну медитацию с открытыми глазами, смотря на небо
- Наблюдайте за небом, обменивайтесь историями, смейтесь, перекусывайте, устраивайтесь поудобнее в спальных мешках
- В конце поблагодарите всех и инопланетян

<u>СЕ-5 для людей науки</u>
- Сядьте в круг и установите намерение на эту ночь
- Сориентируйтесь по небу
- Пройдитесь по основным элементам контакта: сознание единого разума, чистые помыслы, благие намерения
- Проиграйте медитацию д-ра Грига о последовательном мыслительном процессе
- Позвольте эксперту по астрономии рассказать о созвездиях, звёздах, планетах и так далее
- Наблюдайте за небом и рассказывайте, как различить подтверждённое и неподтверждённое НЛО
- Сделайте обзор на самые достоверные встречи с НЛО, официальные документы и так далее
- Обсудите взаимосвязь духовности и науки, эмоций и логики, сердца и разума
- Наблюдайте за небом в тишине, ничего не анализируя и ни о чём не думая… вместо этого сфокусируйтесь на единстве и/или любви
- В конце озвучьте благодарности за принятие участия в эксперименте

<u>СЕ-5 для духовных людей</u>
- Сядьте в круг, возьмите друг друга за руки и прочитайте открывающую молитву
- Установите намерение на эту ночь
- Проведите очищающую медитацию
- Позвольте кому-либо вести медитацию единства
- Какое-то время наблюдайте за небом в тишине
- Вместе пойте и проводите пуджи, или пусть поёт кто-то один
- Проведите медитацию, чтобы получить сообщения, направленные группе
- Поиграйте на поющей чаше или на диджериду
- Понаблюдайте за небом
- Окончание: держитесь за руки, благословите и поблагодарите Мать Землю, Отца Небо, друг друга и инопланетян

<u>СЕ-5 Мэтта Марибоны</u>
- Выйдите на улицу
- Подумайте обо всех моментах вашей жизни, когда вы испытывали любовь, например, когда вы влюбились, держали ребёнка, стали свидетелем смерти любимого человека, наслаждались мороженым в летний день, когда щенок лизнул вас в лицо, когда вы наблюдали за закатом, улыбнулись незнакомцу, танцевали под отличную музыку, чувствовали гармонию природы и так далее
- Посмотрите наверх, зная, что инопланетяне находятся где-то там, и скажите: "Привет"

<u>*K.I.S.S. CE-5* Джоша (от англ. *Keep It Super Simple*, будьте намного проще)</u>
- Послушайте медитацию д-ра Грира
- Играйте музыку *Pink Floyd* и наблюдайте за небом

<u>*CE-5*, основанное на учебной экспедиции *CSETI* с д-ром Гриром</u>
- Перед началом проиграйте тональности кругов на полях через динамики. Используйте рацию или радиопередатчик, чтобы транслировать тональности в космос. Выполняйте это в процессе подготовки и во время перерывов.
- Время общего обсуждения, вопросов и ответов.
- Выполните ориентацию по небу.
- Используйте лазерные указки, чтобы показать инопланетянам местоположение группы.
- Когда присутствует некий сигнал или аномальный свет, начинается церемониальная пуджа. Для церемонии нужно встать. Как вариант, можно произнести несколько слов благодарности за то, что мы нашли друг друга и желаем собираться, чтобы принести нашей планете космический мир.
- После тихо медитируйте на протяжении 30—45 минут. Поручите одному человеку наблюдать за небом, пока группа медитирует с закрытыми глазами.
- Подведите итоги медитации и обсуждайте их примерно в течение часа, одновременно следя за любыми инопланетными событиями.
- Прервитесь на еду, общение и естественную нужду.
- Проведите ещё одну медитацию с последующим подведением итогов и обсуждением.
- Замкните круг, держась за руки и создавая чувство благодарности.
- После полевой работы создайте праздничное настроение с помощью вина, сыра и крекеров.

<u>*CE-5* Лиссы Ройял Холт</u>
- Проведите церемонию открытия с шалфеем, приветствуя местных духов и проводников земли.
- Попросите разрешения присутствовать на этом месте с помощью мантры, например Гаятри-мантры.
- Лисса проводит ченнелинг (передачу информации) по теме полученных знаний этого дня — если у вас нет ченнелера, выберите тему и обсуждайте её. Во время мероприятий Лиссы существа проводят контактную медитацию группы с помощью того же ченнелинга.
- Если случается странный феномен, как, например, погодные аномалии, работайте с этим, чтобы увидеть, что происходит за гранью человеческого понимания, что часто транслируется через окружающую среду.
- Работайте с фотографией инопланетянина, чтобы связаться с энергией существа.
- План действий не имеет чёткой структуры и зависит от обстоятельств, условий, группы и сообщений.

<u>*CE-5* Аотеароа – *CE-5* для новеньких</u>
- Запланируйте неформальную встречу, чтобы обсудить *CE-5* до поездки.
- Если вы выбираете новое место, попросите инопланетян помочь с выбором и попросите их подтвердить выбор очевидным знаком.
- Пригласите всех, кто желает узнать о *CE-5*, с условием выполнять командные договорённости.
- Попрактикуйте последовательный мысленный процесс (через приложение *CSETI*) перед началом.
- Во время мероприятия: Приветственное слово координатора мероприятия, вступления, ориентация на месте/в небе, что ожидается и так далее.
- Система товарищества: поставьте новеньких в пару с опытными людьми по мере возможности.
- Участники делятся своим намерением присутствия на мероприятии.
- Начните с церемонии, призывающей всех помочь нашему переходу к миру и присоединиться к нам. Поблагодарите всех и друг друга.
- Наполните своё сердце любовью, осознав всё, за что вы благодарны — друг друга, семью, партнёра, питомцев, Землю, за возможность выполнять *CE-5* и так далее.
- Медитация для последовательного мысленного процесса, потом тихая медитация (продолжение на следующей странице).

- Группа делится информацией, затем короткий перерыв и при желании прогулка по местности, опытные люди помогают новичкам.
- Медитации и обсуждения/обмен информацией до конца вечера, плывите по течению.
- Закрытие церемонией благодарности, молитвами, музыкой и так далее.

CE-5 Аотеароа – *CE-5* для опытных команд
- Запланируйте мероприятие на 3 или 4 ночи. Часто для получения глубокого опыта требуется больше времени.
- По крайней мере за две недели до мероприятия начните ежедневно выполнять медитацию для последовательного мысленного процесса для этого места.
- Установите намерение продолжить общение с существами, контакт с которыми уже был установлен. Чётко обозначьте с помощью единой групповой мысли, что вы бы хотели обоюдовыгодных отношений.
- Узнайте друг друга получше и подружитесь, так как это способствует единству команды. Чем ближе мы, тем ближе они. В процессе построения последовательного мыслительного процесса представляйте лица друг друга (включая нечеловеческие), фокусируясь работе единым целым.
- Создайте электронный лист рассылки для участников мероприятия и поощряйте общение.
- Записывайте любые сны, внетелесные переживания (*OBE* от англ. *Out of Body Experiences*), *RV*, числовые последовательности и другой актуальный опыт. Поделитесь им со всеми, кто находится в листе рассылке.
- За неделю и во время мероприятия употребляйте лёгкую пищу (предпочтительно овощи).
- Начните с открывающей молитвы/тонирования и потом проведите групповой обмен информацией.
- Продолжайте выполнять медитацию резонансной энергии или другую похожую медитацию, чтобы выровнять энергетические центры всех в команде. Привяжите их к Земле и потом распространите наружу и внутрь по всем параметрам.
- Сохраняйте энергетическое место любви, счастья, благодарности и мира внутри центра команды.
- Сохраняйте намерение "слияния" существ с командой.
- Пройдитесь по процессу биоэлектромагнитного общения, затем приступите к тихой медитации, потом к фазе "говорю, что вижу". Такие "говорю, что вижу" сессии нужно проводить, когда команда находится в едином состоянии *RV* (в идеале), и, таким образом, имеет доступ к частям одной и той же информации. Попросите подтвердить присутствие через устройства (например, *trifield*-метр и так далее) и/или через единый коллективный опыт (изображения, чувства, необычные ощущения, привлечение к каким-либо участкам местности и так далее). Если вы получили ответ датчика на вашу информацию, переходите к вопросам и ответам: уточните, с кем вы вступили в контакт фразой: "Не могли бы вы, пожалуйста, подтвердить, что мы находимся в контакте с инопланетным существом" и так далее, узнайте вид существа (инопланетянин, звёздное существо, дух и так далее). Если вы используете датчик, задавайте вопросы, ответом на которые может быть "Да" либо "Нет"; "Нет" может обозначаться тишиной, однако определите, чем обозначается "Да". Если вы получаете общие изображения или чувства итд, фокусируйтесь на них и развивайте их дальше, энергетически запрашивая больше информации/понимания. Попросите присутствующих существ слиться с командой. Плывите по течению.
- Сфокусируйтесь на потоке энергии и информационных "загрузках".
- Если происходит энергетическое "сцепление" (обычно измеряемое *trifield*-метром), команда может взяться за руки и встать ступнями на землю, чтобы распространить и закрепить энергию. Свободно распространяйте энергию среди команд CE-5 по всему миру, просто имея намерение это сделать. Сохраняйте низкую интенсивность этих загрузок, концентрируясь на чувстве радости и закрепляя его на Земле. Улыбайтесь. 😊 Позвольте информации стать познанной.
- Медитации и обсуждения/обмен информацией до конца вечера, плывите по течению. Поощряйте команду свободно делиться каждым опытом.
- Завершите церемонией благодарности всех участников.

Инструкции Роберта Бингхэма по призыву НЛО
- Начните с открытым сердцем и открытым разумом. Определите положительное намерение. Сконцентрируйтесь на точке в небе. Телепатически скажите: "Придите, пожалуйста. Спасибо". Наблюдайте за небом.

CE-5 мероприятия во время выездного семинара Косты ETLet'sTalk:

- Проведите открывающую медитацию для соединения членов группы друг с другом, с глобальным сообществом *CE-5* и со вселенским единством.
- Проведите медитацию для очищения энергии, чтобы поле группы состояло только из положительных энергий.
- Сориентируйте людей в созвездиях, звёздах и планетах в ночном небе.
- Научите их правильной идентификации инопланетного и сделанного человеком судов, естественного неба и наземных феноменов.
- Научите правильному протоколу явлений, включая небесные местоположения, использование указывающих устройств и так далее.
- Наблюдайте за небом и медитируйте. (Во время наблюдения за небом чередуйте беззвучное наблюдение с наблюдением, где позволено разговаривать).
- На протяжении ночи делитесь актуальными историями контакта с инопланетянами в подходящее время.
- Сделайте перерыв для перекуса, общения и естественных нужд.
- Проведите медитации, чередуя их с наблюдением за небом.
- Завершите полевую работу, взявшись за руки и поблагодарив всех присутствующих, включая инопланетян.

Инопланетный контакт Джеймса Гиллиланда

У Джеймса нет какого-либо плана действий. Наблюдения за небом, происходящие на ранчо *ECETI*, всегда неофициальные и весёлые. Как говорит Джеймс "Это земля. Они просто приходят сюда". Главный совет Джеймса для увеличения явлений: "Чтобы установить контакт, соберитесь". Это означает работать над исцелением своего стыда, ран, критицизма, эгоизма, привязанностей, зависти, эго и так далее. Главная тема на ранчо — счастье. Развивайте положительную энергию счастья, приветствуйте смех и любовь и не сводите глаз с неба.

Продвинутый протокол Протокола пришельцев

Отведите две недели на подготовку, во время которых:

- Не употребляйте в пищу мясо или яйца.
- Не принимайте наркотики или алкоголь (это не включает лекарства и церемониальное вино).
- Два раза в день проводите получасовую медитацию, соединяясь с единством и Вселенной, понимая свою полную природу, показывая своё точное местоположение и визуализируя запрос на желаемую встречу.
- Принимайте два ритуальных душа на протяжении пяти дней, чтобы избавиться от негативной энергии и повысить вибрацию.
- Трижды посмотрите своим страхам в глаза, медитируя в темноте в страшном месте... противопоставьте своим страхам любовь.
- Повысьте тета-волны мозга с помощью шоколада, полынного чая, стратегической игры/игры в слова и прослушиванием бинауральных звуков.

Полевая работа проходит на протяжении по крайней мере двух дней в безопасном и скрытом месте:

- Очистите место с помощью шалфея или священного сжигания табака.
- В составе группы медитируйте три раза в течение для, включив Тай Чи/Солнечные приветствия и тонирование/гудение.
- Ночью медитируйте, делайте голосовые упражнения, играйте гармоничные звуки и соединяйтесь со всем.
- Раздайте людям ручки и бумагу для записи запросов, заверений, молитв, чувств, впечатлений от удалённого видения.
- Существует ещё больше протоколов... группа протоколов пришельцев говорит: "... если вы зашли так далеко, вы и они разберётесь, что делать дальше... *подмигивание*!".

Совет Сиксто Паз Веллса

Даже если мы не знаем, как обычно проходят мероприятия по установлению контакта «Рахмы», у нас есть инструкции от Сиксто, где он описывает самую важную, по его мнению, способность, которую необходимо развить для контакта с инопланетянами. Обратитесь к главе "Формирование канала в составе группы" в разделе Медитаций.

Устранение неполадок

Когда вы ещё не готовы:

Если вы в основном депрессивны, беспокойны, обидчивы, циничны, враждебно скептичны (умеренный скептицизм — вещь хорошая!), злы, считаете, что вам все должны, грубы, пессимистичны и так далее… да, вы сможете свидетельствовать постоянные явления… однажды! А сейчас вам предстоит поработать:

- Найдите хорошего психолога или медиума или найдите книги, видео и другие ресурсы для самопомощи.

- Примите тот факт, что вы ответственны за свою жизнь и что вы создаёте свою собственную реальность и будущее, даже если вы оказались в неподконтрольных обстоятельствах. Да, жизнь иногда отстой, вы можете обвинять в этом кого угодно и делать это оправданно, но куда вас это приведёт? Мобилизуйтесь и приложите больше усилий. Примите себя и то, где вы сейчас находитесь.

Страхи:

Наш главный коллективный страх, связанный с контактом с инопланетянами, может быть не связан с похищениями или голливудским изображением атак пришельцев. Это может быть подсознательный страх потерять своё эго в процессе поднятия нашей вибрации до высоты, необходимой для общения с инопланетянами (см.: книга Лиссы Ройял Холт "Подготовка к контакту"). Если вы доверяете ченнелинговым источникам, вам не стоит волноваться, так как большое количество источников утверждают, что вы не потеряете свою индивидуальность в процессе духовного роста, даже когда вы в конечном итоге воссоединитесь с Источником. (Сет, Билли Фингерс, Хаторы). Независимо от наличия у вас каких-либо страхов, чем больше вы практикуете CE-5 и чем больше расслабляетесь и фокусируетесь на желаемом, а не на ваших страхах, эти страхи со временем исчезнут, и вы получите желаемый опыт.

А теперь очень типичное обсуждение CE-5:

"Существуют ли негативные инопланетяне?"
В мире CE-5 существует определённая база данных с такой информацией. Этот документ не даст вам ответов, его цель — направить вас в сторону вашего собственного исследования и интуиции. Некоторые считают, что все инопланетяне с возможностью и технологиями для пересечения времени и пространства также автоматически являются духовно продвинутыми. Некоторые считают, что расы с эгоистичными интересами существуют или существовали и вызвали проблемы.

Считаться с мнениями других — важный шаг в процессе вашего роста. Определившись со своими убеждениями, не уничижайте убеждения других. Люди могут прийти к своим собственным выводам по очень веским причинам. Каждый человек уникален со своей личностью, историей, триггерами, страхами, желаниями, прошлыми убеждениями и реальностями. Да-да, вы скорее всего правы. И если вы на самом деле правы и хотите щеголять значком духовной целостности наряду со значком "Я ПРАВ", вам просто следует расслабиться и позволить другим действовать в своих собственных реальностях. (Погодите-ка, не было ли это ловушкой самолюбия?). Главная реальность практически не имеет ничего общего с основательными, незыблемыми фактами. Каждый человек является своей собственной Вселенной, и основа жизни каждого больше связана со взглядами и отношением, чем со словами и материальными творениями. Подводя простой итог: если вы считаете, что кто-то "неправ, потому что ошибается", вы… ошибаетесь. Чёрт!

Независимо от того, считаете ли вы, что негативные инопланетяне существуют или нет, мы заверяем вас, что *CE-5* является абсолютно безопасным мероприятием. **Мы ни разу не слышали хотя бы об одном негативном опыте с инопланетянами во время CE-5.** "Мы" в лице многих. Десятки людей, внесших свой вклад в этот справочник, имеют десятки лет совместного опыта в сообществе с тысячами членов. Если бы такое произошло, мы бы об этом узнали. Участники *CE-5* любят поговорить. (Без сомнения, некоторые участники *CE-5* рассказывали о своём негативном опыте с… другими участниками *CE-5*!). Возвращаясь к теме, мы считаем, что необходимо приступать к работе с любящим сердцем, чтобы избежать встречи с негативными инопланетянами… если такие существуют.

"Ладно, давайте немного проясним. Если ли хоть малейший шанс, что меня похитят?"
Нет, если вы следуете какому-либо протоколу *CE-5*. За пределами *CE-5* вам также не стоит сильно опасаться. По сравнению с прошлыми годами число сообщений о похищениях снизилось.

Давайте немного уйдём в сторону и поговорим о том, на что могут быть похожи похищения, так как это довольно распространённый повод для беспокойств. Некоторые считают, что инопланетяне, принимавшие участие в похищениях, являлись доброжелательными учёными, работавшими с нашим ДНК для защиты нашего рода, и процесс не должен был кого-либо напугать. Они полагают, что воспоминания похищенных о событии очень похожи на воспоминания ребёнка о медицинских процедурах, сделанных против его воли, но приносящих пользу в долгосрочной перспективе. Другие считают, что похищения были немилосердным проектом по сбору человеческого ДНК для последующего скрещивания с пришельцами или в других эгоистичных целях. Независимо от того, на чьей вы стороне, многие сегодня верят, что все происходящие в наше время похищения являются театром военно-промышленного комплекса с целью запугивания населения и дискредитации всех инопланетян. Но даже если придерживаться этой версии, когда вы в последний раз слышали о похищении? Может быть, военный бюджет на запугивание нас уменьшается. Чем бы они ни являлись, расцвет похищений ушёл в прошлое.

"Получается, мне не стоит волноваться? Но я всё ещё волнуюсь. Убедите меня".
Что ж, может, вам стоит немного опасаться негативных сущностей.

"Вы только что сказали негативные сущности? Что за хрень?!"
Не тревожьтесь. Что такое негативная сущность? Если такая подгруппа жизни существует, негативной сущностью могут быть: призраки, духи, межпространственные, негативные мыслеформы, плохая атмосфера и так далее. Это может звучать пугающе, однако, если вы положительный человек и в целом практически всегда хорошо себя чувствуете, вам не следует волноваться. Я изучила эту тему с доверенным ченнелером. Её источники сообщили, что на сегодняшний день негативные сущности по большей части относительно безвредны, так как человечество продвинулось вверх по вибрационной шкале. "В прошлом "демоническая" одержимость и тревожные эффекты от негативных сущностей были более распространены. Негативные сущности притягиваются к нам, так как мы являемся мощной физической силой, способной сбалансировать их и помочь им выйти из своей безнадёжной инертности. Они самые большие паразиты и притягиваются к нашей энергии. Она сказала, что их довольно много, однако мы также окружены и огромным количеством положительных сущностей. Если вы вибрируете на высоком уровне, вы даже не заметите таких неприятностей. Если вы хотите избавиться от парочки прилепившихся к вам сущностей, применяйте шалфей или зубровку — они очень эффективны из-за своего густого нейтрализующего дыма. Или выполните очищение, например, предложенное Джеймсом Гиллиландом в разделе медитаций. Убедитесь, что вы понимаете тонкую разницу между значениями слов "защитить" себя и "исцеление/очищение". Первое подразумевает, что вы жертва. Второе — что вы победитель. Негативные сущности настолько сильны, насколько вы им это позволяете. Как узнать, если вы привлекли одного из этих легкомысленных раздражителей? Вы можете определить по своему самочувствию и поведению. Даже если вы не верите в негативные сущности и ведёте себя, как придурок, хреново себя чувствуете или грустите, напуганы или измотаны, возможно, вам следует что-то с этим сделать!

"Не могу перестать думать о негативных инопланетянах"

Нет проблем, многие члены нашей группы верят в существование негативных инопланетян, так что мы внимательно изучили эту проблемную область. Давайте успокоим вас этими теориями:

- Некоторые истории происхождения и ченнелинги предполагают, что процесс обнародования информации является одним из способов эволюционирования планеты. Вы можете входить в духовный экипаж, путешествующий от одной тёмной планеты к другой, вдохновлять тех, кто живёт под гнётом тирании, помогая им устанавливать контакт с другими цивилизациями космического пространства. *CE-5* и обнародование могут быть священным процессом планетарного подъёма, поддерживаемым Вселенной, который не может быть игрушкой в руках злобных существ.

- В соответствии с теорией *"CE-5* является священным" очень вероятно, что галактическая федерация, состоящая из представителей высокоразвитых цивилизаций, совместными усилиями пытается ограничить инопланетные расы с враждебными намерениями, когда они нарушают Вселенский Закон. Все мы имеем право на свободу воли, включая участие в жизни в качестве преступников и жертв. Однако многие считают, что развращение этой планеты зашло слишком далеко. Земле нужна помощь. Так что, когда эгоистичные сущности пересекают черту, легионы альтруистичных существ приходят на подмогу.

- В поддержку этих теорий и в соответствии с сокращением зафиксированных похищений, несколько ченнелингов утверждают, что все существующие негативные инопланетяне были изгнаны и отлучены от Земли примерно с 1990-х гг.

- Давайте забудем о теориях и посмотрим на это с точки зрения закона притяжения. Люди, желающие установить контакт, уже вибрируют на высоком уровне, и установление контакта с существами низших вибраций для них просто не вариант. Подумайте об этом: тот, кто хочет выглядеть как фрик и попробовать *CE-5*, демонстрирует первоклассное бесстрашие.

- Наконец, в группе людей контакт обычно сводится к "наименьшему общему знаменателю". Например, если один человек готов к установлению прямого контакта лицом к лицу, но остальная группа — нет, тогда этого не случится. Подумайте об этом в обратном направлении. Если у одного человека вибрация намного ниже, чем у целой группы счастливых людей, сила более счастливых людей всё уравновешивает и исключает возможность взаимодействия с плохим инопланетянином или негативной сущностью.

В конченом итоге вы должны принять решение о том, какой будет ваша реальность. Жизнь — это огромный шведский стол контрастов по одной веской причине: чтобы у вас была возможность выбрать. Примите тот факт, что любой негатив является частью жизни, которая нас учит, чтобы мы смогли создать желаемую реальность. Это ваше представление! Берегите себя и свой рост, выполните очищение, если вам нездоровится, и общайтесь с позитивными, счастливыми, добрыми людьми. Помимо этого, доверяйте своей интуиции. Прочувствуйте атмосферу каждой ситуации, с которой вы сталкиваетесь. Вы поймёте, стоит ли от неё уйти или двигаться к ней навстречу. Вы справитесь.

"Мне всё ещё страшно"

Не давите на себя. См. "Когда вы ещё не готовы", первый подраздел этого раздела.

Совет: если вы доверяете ченнелингу, используйте свою проницательность, чтобы убедиться, что вы получаете хорошую информацию… некоторые ченнелинги уязвимы перед неблагоприятным вмешательством или же просто нечётко принимаются.

Явление за шесть вылазок

Мы считаем, что, если вы сфокусируетесь на трёх ключевых ингредиентах:

1. Связь с сознанием единого разума
2. Чистые помыслы
3. Благие намерения

Вы засвидетельствуете явление в пределах шести вылазок.

Если вы можете выбираться с парочкой других людей — тем лучше. Попробуйте некоторые предложения из этой книги. Вам не нужны лазерные указки или радиолокационные сканеры — достаточно вас самих под звёздами.

Когда вы увидите явления, обязательно поделитесь! Что вы увидели, внутренние переживания, каким был ваш процесс... Отправляйтесь в *ETLet'sTalk* или на страницу группы на *Facebook* и выкладывайте!

- *ETLet'sTalk*: http://etletstalk.com/
- Инициатива *CE-5*: https://www.facebook.com/groups/205824492783376/
- *CE-5*, НЛО, *SIRIUS*: ETLetsTalk.com: https://www.facebook.com/groups/1593375944256413/
- Вселенская глобальная миссия *CE-5*: https://www.facebook.com/groups/1827858540868714/

Если вы следовали инструкциям в этом справочнике и не увидели явлений в пределах шести вылазок, пришлите нам электронное письмо. Давайте вместе разберёмся, что вас удерживает.

calgaryce5@gmail.com

Как говорит Джеймс Гиллиланд: "Контакт начинается изнутри". Мы надеемся, что этот справочник вдохновит вас на продуктивную работу и расширение вашего внутреннего "я".

Ранние явления НЛО: 1910 — 2010гг.

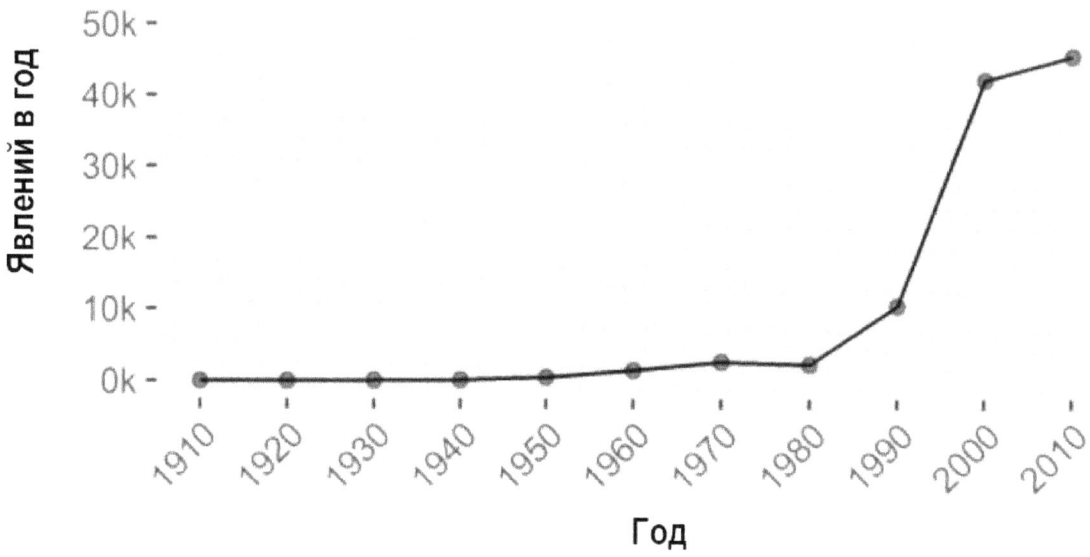

Данные из Национального центра сообщений об НЛО
Составлено Сэмом Монтфордом

ЧАСТЬ ТРЕТЬЯ:

МНЕНИЕ РЕДАКЦИИ/ ЧТО-ТО ВРОДЕ ПРИЛОЖЕНИЯ

Ложные флаги

Если вы скептически настроены и дочитали до этой страницы, мы поздравляем вас за вашу способность допускать существование других точек зрения. Чем бы ни являлась основная реальность, вы демонстрируете уровень эволюции, который, по нашему мнению, поспособствует явлениям! А теперь… давайте ещё немного вас проверим.

"Ложный флаг" — это террористический акт, совершаемый против собственных граждан, чтобы объединить их против внешнего врага и отвлечь от реальной угрозы, которая на самом деле исходит изнутри страны.

Вернер фон Браун был немецким воздушно-космическим инженером, которого после Второй мировой войны доставили в Соединённые Штаты в ходе операции "Скрепка". Его помощница так описывает его предостережения относительно ложного флага колоссальных масштабов:

> "Для меня самым интересным было повторяющееся предложение, которое он говорил мне снова и снова в течение приблизительно четырёх лет, что я имела возможность работать с ним. Он говорил, что стратегия, применявшаяся для образования общества и руководителей, заключалась в использовании тактик устрашения… сначала россияне должны были считаться врагом. Фактически, они и были врагом в 1974 году, выявленным врагом… Потом были бы выявлены террористы, что и последовало далее. Мы много чего слышали о терроризме. Потом мы собирались выявить безумные страны третьего мира. Теперь мы называем их "странами, вызывающими особую озабоченность" … Следующим врагом стали астероиды. На этом моменте он как бы усмехнулся, когда сказал это в первый раз. 'Астероиды — мы собираемся построить космическое оружие против астероидов'. И самым забавным было то, что он называл пришельцами, инопланетянами. Это стало бы последним запугиванием. И снова, и снова, и снова на протяжении четырёх лет, что я его знала и выступала от его лица, он всегда возвращался в этой последней карте. 'И помни, Кэрол, последней картой станет карта инопланетян. Нам придётся построить космическое оружие против пришельцев, но всё это ложь'".

> —Кэрол Росин

Д-р Грир тоже получил инсайдерскую информацию о возможной подделке "инопланетного вторжения" военно-промышленным комплексом с целью усиления власти и оправдания своего существования.

В поддержку параллельной похожей возможности Барбара Марсиниак рассказала о предсказанном времени, когда инопланетная раса станет нашими лидерами, и что мы по глупости своей будем почитать их как Богов.

К счастью, само существование документального фильма *Unacknowledged* (Непризнанные) серьёзно подрывает любую их этих отвратительных возможностей. Если какая-либо из этих теорий начнёт набирать популярность, людям не составит труда распространить этот фильм среди близких, чтобы усилить общество с помощью знаний. Также группы *CE-5* по всему миру могут связаться с местными медиа и предоставить доказательство своего опыта общения с доброжелательными существами. Вам может пригодиться записывать свой процесс, собирать видео и сохранять отчёты об исцелениях только для этой цели.

С 2001 года Кэрол Росин занимается политическим активизмом, чтобы остановить милитаризацию космоса. Кэрол возглавила "Договор о предотвращении размещения оружия в космосе". Вашим лучшим содействием было бы письмо в произвольной форме, направленное главам государств и правительств по всему миру. Для более подробной информации пройдите по ГИПЕРССЫЛКЕ http://peaceinspace.com.

Пятница

Житель Альберты и руководитель СЕ-5 Чарльз Бриджес говорит, что каждую неделю он думает: "Может быть, обнародование произойдёт в эту пятницу!". Он фокусируется именно на этом дне, потому что Ричард Долан, исследователь НЛО предположил, что обнародование произойдёт в день, после которого фондовая биржа может быть закрыта на несколько дней, пока мир трепещет от шока (и, надо надеяться, немного стабилизируется). Обнародование может произвести неудобный или непростой эффект. По этой причине правительства по всему миру медленно создают "утечку" документов, чтобы помочь нам привыкнуть к новой парадигме.

"Когда произойдёт обнародование?"
Хороший вопрос. Ричард Долан сказал, что по его самому скромному предсказанию есть 90% вероятность, что это произойдёт в пределах двадцати лет. (Его цитата датирована 2016 годом, так что, получается, до 2036 года). Башар через Дэррила Анку предсказал, что это случится между 2030 и 2033 годами. Башар не делается частых или поверхностных предсказаний, он предсказал 9/11 в точности до года. Эти предположения, конечно, зависят и от ваших собственных действий. Как вы поспособствуете обнародованию?

"А что о "них" — что, если "они" не позволят случиться обнародованию?"
Мы знаем, что преступники, в настоящее время обладающие властью и находящиеся у руля мира, пытаются подавить обнародование, чтобы поддержать эту деспотическую тиранию рабского труда. Откуда мы знаем, что они в этом не преуспеют со своими ложными флагами и запутыванием следов?

Позвольте истории Билла Брокбрадера дать на это ответ. Билл был сверхсекретным военным специалистом, запускавшим ракеты "Томагавк" в маленькие афганские деревни в мирное время. Билл осознал, что творил зло, и в конце концов ушёл со службы. Впоследствии он стал членом "Анонимуса". Эдвард Сноуден, знаменитый бывший компьютерщик ЦРУ, раскрывший для нас правду об АНБ, также принадлежал той же самой ячейке "Анонимуса". Эдварду нужна была приманка, потому что, когда во внешнем мире происходит что-то, интересующее разведывательные агентства, внутренняя система безопасности ослабевает. Все в ячейке "Анонимуса" сказали: "Очевидно, этой приманкой должен быть Билл — у него самая подходящая история". Так, Билл вступил в игру. Когда Билл участвовал в интервью с Керри Кэссиди, разоблачая эти военные преступления, Эдвард украл терабайты данных и сбежал в убежище. (Спасибо, Россия!). Билла схватили, приговорили к сроку в тюрьме, и после выхода на свободу он ушёл в подполье. Его история по-настоящему героическая. Теперь, когда вы знаете, кто такой Билл, наступает время для самой ядрёной части (как будто до этого не было ядрёно?): Когда Билл всё ещё был военным, его попросили поработать над сторонним проектом, так как он обладал высоким интеллектом и хорошими экстрасенсорными способностями. Его попросили взглянуть на проект "Зазеркалье" — устройство, в прошлом используемое военно-промышленным комплексом для предсказывания будущего. Они спросили у него: "Какой вариант развития событий победит?". Билл изучил данные и дал им ответ: все потенциальные варианты развития событий слились в один; существует только один финал. Последний этап происходящих на Земле событий похож на эндшпиль в шахматах, когда проигравший вместо того, чтобы смиряться с поражением с достоинством, пытается продлить своё правление. Спойлер: хорошие ребята побеждают.

Я могу лично поручиться за неутомимую спутницу Билла Ему Мур, гражданку Канады, разоблачительницу и активистку в своём собственном праве. Я знаю её много лет, и она одна из самых искренних, храбрых, сильных женщин, которых я знаю.

Этой ли пятницей или 982 пятницами позже, но обнародование произойдёт!

Свободная энергия

На *YouTube* есть очень хорошее интервью с Дэррилом Анкой о Вознесении и Новом Мировом Порядке (https://www.youtube.com/watch?v=vRtbvXp3wkw). Вот его краткое содержание с некоторыми нашими дополнительными мыслями:

- Вас никто не контролирует.

- Как только вы осознаете свою собственную силу и поднимите свою частоту, воплотятся в жизнь ваши самые желанные мысли. (Или же, если посмотреть на это с другой стороны, вы измените частоты и переместитесь в улучшенную параллельную Вселенную).

- По сути, мы прикрепляем к нашей реальности всё, против чего сражаемся.

- Чем больше мы фокусируемся на том, чего не хотим, тем чаще мы это испытываем.

- Чтобы что-то поменять, мы должны скорее ПРЕДПОЧИТАТЬ реальность, чем НУЖДАТЬСЯ в ней.

- Когда мы чего-то отчаянно хотим, оно продолжается от нас удаляться, и мы продолжаем за этим гнаться.

- Никто не прячет от нас свободную энергию. Нам не нужно обнародование, чтобы получить свободную энергию. Многие люди создали приборы, работающие на свободной энергии. У некоторых людей конфисковали эти приборы, сожгли лаборатории, кого-то даже убили. Некоторые смогли создать свободную энергию без какого-либо вмешательства. (Кое-кто из нашей группы видел демонстрацию свободной энергии Даниэлем Померлю в Квебеке). До сегодняшнего дня никто не смог понять или воссоздать её! Мы думаем, что он, возможно, использует своё собственное энергетическое поле или технологию сознания в качестве катализатора, что может являться причиной, по которой его прибор не конфисковали). Конфискованы или нет, наши учёные вдохновятся на их повторное создание и смогут использовать правильную интуицию, чтобы сделать это безопасно. Когда мы на одной волне с источником, правильные идеи будут приходить в правильное время.

- Страх является магнитом для всего нежелательного, однако немного осторожности не повредит. Вот что мы слышали о безопасной разработке свободной энергии. Когда вы включите прибор, работающий на свободной энергии, технология сканирования сможет определить, где эта энергия была создана. И благодаря Эдварду Сноудену мы знаем, что "они" могут отследить любое ваше цифровое действие. По общему мнению, даже не имеет значения, если ваш телефон выключен. Мы также слышали, что существуют спутниковые камеры, способные в режиме реального времени приблизить изображение вашего района. Это задачка не из простых, однако, к ней можно найти творческое решение.

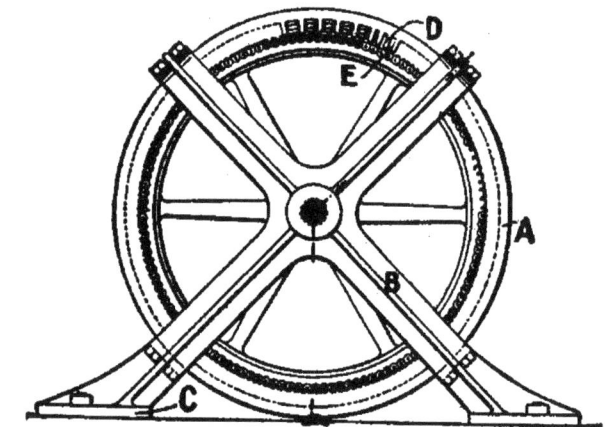

Генератор переменного тока, 10,000 циклов в секунду, мощностью 10кв., использовавшийся Теслой в его первых демонстрациях феномена высокой частоты перед Американским институтом электротехников в Колумбийском колледже, 20 мая 1891 года. Изображение 1

Меняя мир

На самом деле вам не нужно спасать мир. Нам не НУЖНО обнародование. Мы здесь, чтобы расти. Земля может разлететься на миллионы частичек и, хоть это и звучит трагично, в конечном итоге с ней всё было бы в порядке. Может быть, существует параллельный мир, где это уже произошло. Может, существуют земли, где Золотой Век уже вступил в силу. (И как только мы умудрились здесь застрять?). Это немного снимает напряжение, не правда ли? Мы вечны и любознательны и находимся в каждой реальности, в каждом исходе.

А что насчёт духовного подъёма человечества? Самоотдача — побочный продукт вашего расширения. Хорошее чувство. Расширяясь, мы обязаны отдавать больше. Это естественный импульс и исход вашей эволюции. Расширяясь, вы поймёте, что все мы одно и что несправедливость по отношению к одному является несправедливостью по отношению ко всем. Вы осознаете, что на самом деле являетесь всеми и всем. Это забавный парадокс, потому что, хотя вы и начнёте неизбежно больше действовать от лица всех, вы также осознаете, что вам не стоит беспокоиться о других "вас", следующих по своему собственному пути, или об исходе всего этого. У каждого человека по-прежнему есть свобода воли. Вы не можете всех контролировать. Сфокусируйтесь на себе, наслаждайтесь всем, и в конце всё будет хорошо, даже если это и не так.

Что бы вы ни делали, не протестуйте против того, чего вы не хотите. Осуждение прикрепляет то, что вы ненавидите, к вашей реальности. Ключ к достижению желаемого — это Предпочитать, а не Нуждаться. Так что, когда вы думаете о Федеральном резерве и преступной тирании, и порабощении, которыми они так искусно манипулируют, просто скажите себе: "Я предпочитаю… (вставьте сюда своё предпочтение)". Однако если вы испытываете беспокойство по поводу этого синдиката, вы отдаёте свою силу. И может, вы можете перескочить в какую-либо параллельную реальность, где Исландия ещё не вышвырнула их из своей страны. (Да, они это сделали, и мы тоже можем!). Как гласит пословица: "То, чего вы больше всего боитесь, притягивается к вам как магнит". Гадость.

Что же делать? Действуйте вдохновенно — занимайтесь тем, что вас радует! Осознайте, что все мы одно, и когда вы захотите силы, свободы или суверенности для себя, действуйте от лица всех во имя любви, и мы все достигнем этого вместе и потребуем всё, что всегда было нашим. В это захватывающее время выполняйте желаемую роль и, прежде всего, наслаждайтесь процессом. Жизнь предназначена для УДОВОЛЬСТВИЯ!

Мы хотим поделиться с вами нашим предпочтением: занимайтесь тем, к чему лежит душа, и следуйте по выбранной тропинке вопреки страху, игнорируя мнения других, включая то, что мы вам продаём на нашей собственной мыльнице. Однако вы взяли этот документ. Так что мы думаем, что вы, возможно, хотите быть частью видения, которое мы может чётко представить для нашего будущего. Мы были бы счастливы, если бы вы сделали *CE-5* частью своей жизни, потому что #1 мы не понаслышке знаем, как это весело, и #2 было бы здорово, если бы больше людей распространяли знание, что инопланетяне реальны, для всех наших родных и близких со свидетельскими показаниями в качестве доказательства.

Нам не нужно, чтобы обнародование произошло быстрее, но это однозначно было бы здорово, не правда ли? Давайте будем частью реальности, где рано или поздно обнародование произойдёт, и все мы сможем испытать изобилие, которого заслуживаем.

Народное движение за раскрытие информации

Каким образом мы можем приблизить обнародование? Народное движение за раскрытие информации является инициативой, организованной группой людей, осознавших значимость вклада обычного человека в этот процесс и придавших ему форму. Коста Макреас основал это движение в октябре 2010. Оно пробудило тысячи людей по всему миру. Оно превратило "Верующих" в "Знающих". Результатом стало то, что люди забрали у правительства принадлежащую им власть. Частью этого движения является "Глобальная инициатива CE-5" ("The Global CE-5 Initiative"), она же "ETLet'sTalk", которая ежемесячно организует полевые работы групп по контакту с инопланетянами с начала своего создания в 2010 году. Вы можете присоединиться к этому замечательному сообществу, зарегистрировавшись на сайте http://etletstalk.com/.

Вы влиятельная и неотъемлемая часть обнародования. Обстановка вокруг обсуждений НЛО может накаляться. Скорее всего, вы сильно взволнуетесь, пытаясь убедить людей в своей правде. Не стоит — это пустая трата времени. С точки зрения вселенского закона вы таким образом только притянете этих людей и эту реальность к себе — то, против чего вы сражаетесь, вы прикуёте к себе.

Что вы можете сделать, так это стать послом человечества. Это довольно легко:

- Ежемесячно проводите встречу CE-5.
- Расскажите об этом вашей семье, друзьям, коллегам, когда они спросят, чем вы занимались на выходных. Если вы регулярно проводите CE-5, у вас всегда есть новости об НЛО для обсуждения.
- Свободно рассказывайте о себе и своём увлечении. Я часто говорю людям при первой встрече, что я помешана на НЛО.

Вот и всё! Как это работает? Прежде всего, это закладывает слова НЛО, инопланетяне, CE-5 и так далее в ежедневный лексикон нашего сознания в целом. Каждое случайное упоминание легитимизиирует движение.

Во-вторых, ваша история важна. Когда вы рассказываете свою историю среднестатистическому человеку, не пытаясь обратить его в свою "веру", ему она кажется заманчивой и интересной. Большинство людей верят, что мы не одни во Вселенной. В меньшинстве находятся скептики (каким-то образом более заметные), которых не убедят даже неопровержимые документы, выпущенные правительствами. Однако, когда вы скажете, что видели в небе необъяснимый свет, двигавшийся по траектории, по которой не может двигаться ни одно традиционное человеческое судно, и что вы не были обкурены, в их реальности появится линия разлома. Это очень медленно увеличивающаяся трещина, но такие маленькие шаги очень важны.

Как Коста вдохновился на создание Народного движения и впоследствии на сеть ETLet'sTalk:

"В июле 2010 года после почти 4-х лет увлечённого изучения *CE-5* с БОЛЬШИМ количеством успешных инопланетных контактов я знал, что существуют сотни, если не тысячи таких же, как я, людей по всему миру, занимающихся тем же самым.

"Я вдохновился: почему бы не собрать всех нас в единое сообщество? Может, это позволит объединить наши усилия. Я спросил у своего духовного наставника, стоит ли организация такого большого количества людей в таком масштабе моего времени, энергии и усилий.

"Меня напугало телепатическое сообщение, полученное, как я понял в то время, от инопланетного источника:

'Создай как можно больше контактных групп в как можно большем количестве мест и как можно скорее'.

...такие слова поступили в мой разум.

'" Чего этим можно добиться? ' — спросил я.

'Когда больше людей хотят увидеть нас в небесах, мы получаем разрешение и возможность появляться в гораздо большем количестве мест по всему вашему миру. В результате нас увидит больше людей… которые потом также попросят нас увидеть. Это позволит нам появиться в ещё большем количестве мест и так далее. Мы можем назвать это "благотворным циклом". Однажды наше присутствие в небесах вашего мира будет слишком неопровержимым, чтобы его отрицать'.

"Я был напуган этой информацией, но очень счастлив. Их запрос был простым, чётким и прямым!"

Д-р Грир поощряет то же самое. Обнародование уже неподконтрольно правительствам или картелям. Оно уже происходит, и только от нас зависит наше освобождение. Грир вдохновляет каждого из нас на действия с помощью высказывание, которое внушали студентам медицинской школы:

"Учите одно, делайте одно, преподавайте одно"

Мы присоединяем наши голоса к этому хору, приглашая вас: организуйте команду и учите других, как организовать их собственные команды. Станьте частью одного из самых больших и захватывающих движений, которое поможет принести планете мир.

Остерегайтесь разделения

Мы одно целое. Осуждая кого-то, мы вредим себе.

Когда вы слышите, как кто-то кого-либо критикует, помните, что любая атака является криком о помощи. Простите агрессора. Скажите что-то хорошее о критикуемом человеке. Перенаправьте внимание на исцеление агрессора. Что им нужно? Большинство людей просто хотят любви. Любите их.

По мере достижения просветления вы полюбите каждого. Даже Гитлера. Это потому, что, эволюционируя, мы становимся более инклюзивными. Мы также лучше понимаем главную реальность: мы приходим в этом обличье и делаем друг другу ужасные вещи, зная, что конечный исход гарантирован и что всё это было для нас лишь игрой, чтобы понять, кем мы являемся на самом деле. Мы есть Любовь. Кто может гарантировать, что вас злейший враг — не ваш драгоценный любовник, идеально играющий свою роль в этой жизни?

Думаете ли вы, что кто-то глуп, злобен или даже является распространителем дезинформации? Благословите их и после игнорируйте. Пусть живут своей сумасшедшей жизнью. Вы думаете, что в прошлой жизни вы никогда не были просто неразвитым? Мы гарантированно совершали гнусные поступки давным-давно в прошлых жизнях. Если бы мы знали о тех ужасных вещах, то потеряли бы сон до конца наших дней.

Когда кто-то кого-либо критикует, вероятность контакта снижается. Это касается всех. Кому вы навредили? Своей матери, брату или бывшему/бывшей? Ого — нам всем есть, над чем поработать!

"Чтобы добиться открытого контакта, нам нужно стать намного сплочённее и перестать бороться… отказ от поднятия нашей вибрации — это решение не устанавливать контакт с цивилизацией, вибрирующей гораздо выше нас".

- Дэррил Анка/Башар

"Если мы не объединимся из-за наших сходств, мы растворимся в наших различиях".

- Самойя Шелли Йейтс

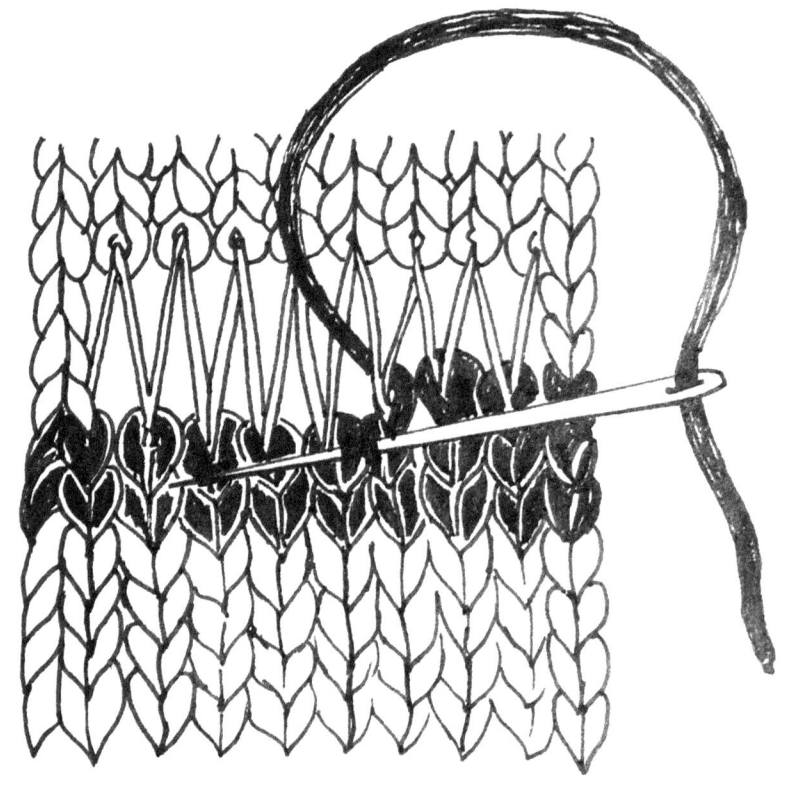

Как уничтожить движение

Если население в целом узнает о существовании свободной энергии, энергетическая, финансовая и система власти рухнут. Власть предержащие используют множество способов, чтобы сохранить своё благополучие и удерживать контроль. Агентства типа Объединённой аналитической группы по исследованию угроз (*JTRIG* от англ. *Agencies such as the Joint Threat Research Intelligence Group*) управляют программами по подрыву репутаций, которые призваны бросать тень на правду и разрушать движения. У них есть слоганы типа: "4-Д (в английском все четыре слова начинаются с "д"): отрицай, препятствуй, разрушай и обманывай".

Некоторые из их приёмов:

- "В числе основных самоидентифицируемых целей *JTRIG* есть две тактики: (1) вбрасывать в Интернет все виды поддельной информации, чтобы уничтожить репутацию их целей; и (2) использовать социальные науки и другие техники, чтобы манипулировать онлайн дискурсом и активизмом с целью получения желаемых результатов".
- 'Медовые ловушки' (заманивание людей в компрометирующие ситуации с помощью секса).
- 'Операции под ложным флагом' (размещение материала в Интернете и ложное присвоение его кому-то другому).
- Поддельные сообщения жертвы в блоге (притворяться жертвой человека, чью репутацию они хотят разрушить), и размещение "негативной информации" на разных форумах.

Посмотрите на этот слайд из учебного материала для обучения агентов добиваться желаемых результатов. Мы считаем, что мир *CE-5* уже стал целью. Чтобы движение оставалось сильным, мы должны сфокусироваться на нашей общей идеологии, убеждениях и сплотиться против тех, кто не хочет свободы для всех.

SECRET//SI//REL TO USA, FVEY

Распознание и использование точек разлома

Что объединяет группу людей

Общая оппозиция
Общая идеология
Общие убеждения

Напряжение

Личная власть
Существующий раскол
Конкуренция
Идеологические различия

Что разъединяет группу людей

https://theintercept.com/2014/02/24/jtrig-manipulation/

Будущее

Напоследок расскажу вам историю о том, как мой семилетний сын познакомился с инопланетянами. Мы были в национальном парке Банф, готовые к нашему первому совместному наблюдению за звёздами. Мы смотрели на Млечный Путь, и он восхищался лазерной указкой. Он сказал, что она будто световая сабля, навсегда уходящая в космос. Я увидела падающую звезду (или стрикер) и указала ему на то место. Он никогда прежде не видел падающую звезду, и я надеялась, что он увидит ещё одну той ночью, но подумала: "Как же он сможет её увидеть, когда они пролетают так быстро?". В таком возрасте на обработку информации из внешнего мира уходит довольно много времени, и ему было бы сложно уловить такой маленьких быстрый свет. Когда мы смотрели наверх на созвездия, я сказала ему, что мы также ищем НЛО, похожие на вспышки камеры. Он очень обрадовался и сказал: "Привет, пришельцы!", в небо, и почти сразу же я увидела фотовспышку! Я обвела место появления фотовспышки лазерной указкой, и когда он сфокусировался на нём, мы вместе увидели быструю последовательность из 5—6 вспышек. Мы так обрадовались, что завизжали и засмеялись, и закричали в темноте. Он спросил, не этим ли я занимаюсь, и я сказала: "Да". Он сказал, что не знал, что это так весело. Мы сказали: "Спасибо", — и продолжили указывать на созвездия. Когда он замёрз, мы приготовились уходить, и я сказала: "Всем пока!" небу. Он посмотрел наверх, помахал и сказал: "Пока!". Сразу же появилась ещё одна большая фотовспышка! С его ещё развивающимися способностями он не смог уловить эту быструю вспышку, но как только я указала ему, где она была, мимо пролетела падающая звезда. Его первая падающая звезда. (Или стрикер!). Я загадала для него желание. Он тоже загадал своё желание, и мы пошли внутрь.

Представьте, что мы помогаем создать мир для наших детей, которые уже готовы его получить.

С любовью ко всем вам,
Сиелия и калгарийская группа CE-5

Шаблоны журнала CE-5

Используйте шаблоны на следующих страницах, чтобы вести учёт ваших полевых работ. Если вы выполнили три ключевых элемента (1. Связь с единым сознанием, 2. Чистые помыслы, 3. Благие намерения), мы полагаем, что вы увидите по крайней мере одно явление к тому времени, как вы заполните все шесть форм.

Журнал CE-5 1
Дата: _____

Место: _____

Время начала/окончания: _____

Присутствующие:

_____

_____

Повестка дня:

_____
_____
_____
_____
_____
_____
_____
_____

Внутренние/внешние переживания или явления:

_____
_____
_____
_____
_____
_____
_____
_____
_____
_____
_____
_____
_____
_____
_____
_____
_____
_____
_____
_____
_____
_____

Журнал CE-5 2

Дата: _____

Место: _____

Время начала/окончания: _____

Присутствующие:

_____
_____

Повестка дня:

_____
_____
_____
_____
_____
_____
_____
_____

Внутренние/внешние переживания или явления:

_____
_____
_____
_____
_____
_____
_____
_____
_____
_____
_____
_____
_____
_____
_____
_____
_____
_____
_____
_____
_____
_____

Журнал *СЕ-5* 3
Дата: _____
Место: _____
Время начала/окончания: _____

Присутствующие:
_____
_____

Повестка дня:
_____
_____
_____
_____
_____
_____
_____
_____

Внутренние/внешние переживания или явления:
_____
_____
_____
_____
_____
_____
_____
_____
_____
_____
_____
_____
_____
_____
_____
_____
_____
_____
_____
_____
_____
_____
_____

Журнал CE-5 4

Дата: _____

Место: _____

Время начала/окончания: _____

Присутствующие:

_____
_____

Повестка дня:

_____
_____
_____
_____
_____
_____
_____

Внутренние/внешние переживания или явления:

_____
_____
_____
_____
_____
_____
_____
_____
_____
_____
_____
_____
_____
_____
_____
_____
_____
_____
_____

Журнал *CE-5* 5
Дата: _____
Место: _____
Время начала/окончания: _____

Присутствующие:
_____
_____

Повестка дня:
_____
_____
_____
_____
_____
_____
_____
_____

Внутренние/внешние переживания или явления:
_____
_____
_____
_____
_____
_____
_____
_____
_____
_____
_____
_____
_____
_____
_____
_____
_____
_____
_____
_____
_____

Журнал СЕ-5 6

Дата: _____

Место: _____

Время начала/окончания: _____

Присутствующие:

_____

_____

Повестка дня:

_____

_____

_____

_____

_____

_____

_____

_____

Внутренние/внешние переживания или явления:

_____

_____

_____

_____

_____

_____

_____

_____

_____

_____

_____

_____

_____

_____

_____

_____

_____

_____

_____

_____

_____

_____

_____

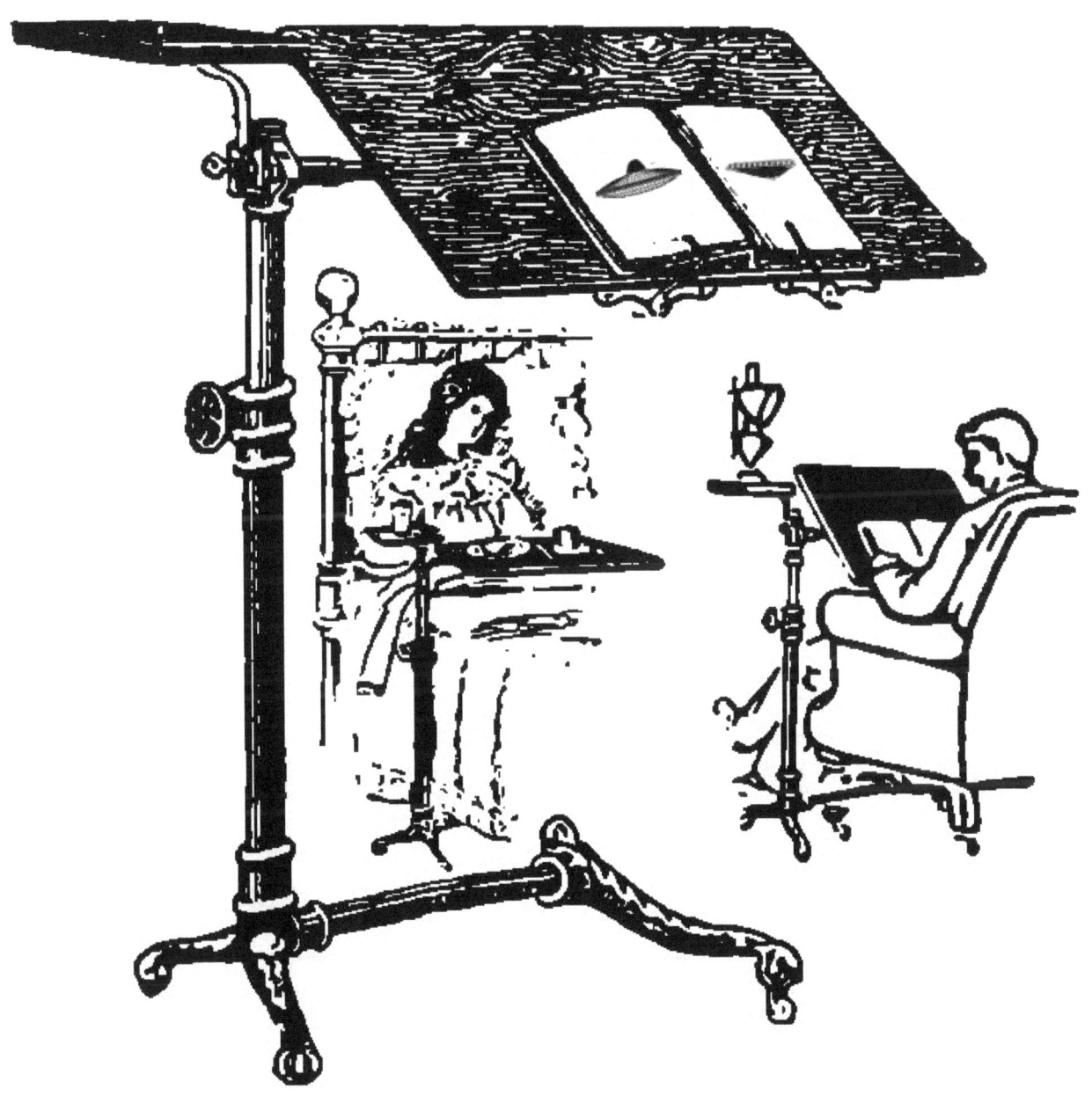

Кто есть кто

В создание этого справочника внесли вклад несколько значимых фигур в мире контакта и/или *CE-5*. Многие их этих людей в настоящее время прилагают усилия для общения с инопланетянами, и вы можете присоединиться к ним на выездном семинаре.

Сиксто Паз Веллс — *Испания и Латинская Америка*
В 1974 году Сиксто организовал группу "Рахма" — первую современную, структурированную, международную группу контакта с инопланетянами. "Рахма" создавалась с целью сближения инопланетных цивилизаций и людей в лучших интересах планеты и человечества. Сиксто известен тем, что он пригласил международную прессу на десять явлений ещё до их начала. Испанский мир уфологии отличается от английского мира: информация об инопланетном присутствии на Земле намного более доступна в испанском Интернете, а контакт является более тесным и прямым. Очень вероятно, что это следствие их прямого, чёткого и последовательного языка, отражающего культурное сознание в целом, и их готовности к контакту. http://www.sixtopazwells.com/

Энрике Вильянуэва — *Западное побережье США*
Энрике присоединился к "Рахме" в 1988 году и начал свою спутниковую группу в Лос-Анджелесе в 2009 году. В настоящее время Энрике работает профессиональным гипнотерапевтом в Калифорнии и каждое лето проводит контактный выездной семинар на горе Шаста, основанный на контактных протоколах "Рахмы". Нам не очень много известно об Энрике, поэтому пусть за него говорит эта цитата. Он говорит: "Они (инопланетяне) говорят, что самый важный контакт — это не контакт с ними, а контакт внутри. Когда вы достигнете такого уровня, контакт с ними станет последствием вашей подготовки. Так что они всегда открыты и ждут, когда мы достигнем этого уровня, и потом они инициируют для вас этот опыт. Это приглашение расширить наше сознание. И они уже здесь. Нам не нужны послы. Каждый человек может быть послом". https://www.facebook.com/enrique.villanueva.56, http://enriquevillanueva.weebly.com/

Д-р Стивен М. Грир — *Юго-восток США*
Доктор медицины Стивен Грир был врачом в отделении неотложной помощи, когда его жизнь приняла неожиданный поворот в мир инопланетян, правительственной коррупции, прикрытия, чёрных операций, сделанного человеком космического корабля, изъятых приборов, работающих на свободной энергии, доносчиков и информаторов. В начале 1990 года он преподавал протокол *CE-5* через группу *CSETI*. Он гениальный, энергичный и невероятно преданный своему часто непростому пути. В 2001 году он возглавил Проект Обнародования, опубликовал несколько книг, а также спродюсировал два крупных документальных фильма. http://siriusdisclosure.com/

Лисса Ройял Холт — *Аризона, Япония*
В начале 90-х Лисса была изначальным членом *CSETI* и после возглавила контактную группу в Аризоне, где она и её группа получили больше информации о контактных методах через её процесс ченнелинга. С 2010 года её группа работает над входом в квантовые состояния сознания и над функционированием в их пределах. Её книга «Подготовка к контакту» (*Prepare for Contact*) — это ценное руководство, описывающее тесную связь между явлениями и развитием вашего сознания. Вы можете посетить тренинги и особые мероприятия с её участием в Аризоне, Японии и других местах.
http://www.lyssaroyal.net/

Джеймс Гиллиланд — Тихоокеанский Северо-Запад США
Джеймс является основателем *ECETI* (от англ. *Enlightened Contact with ET Intelligence*, Просветлённый контакт с инопланетным разумом), расположенным на участке в дикой части штата Вашингтон, где история явлений НЛО насчитывает сотни лет. Это место также известно под названием "Ранчо" и существует уже несколько десятилетий. Поблизости располагается гора Адамс, внутри которой может находиться межгалактическая инопланетная база — мы знаем человека, видевшего, как в горе открылась дверь и как туда залетали и оттуда вылетали НЛО! Джеймс добрый, представительный и любит нелепо пошутить. Чтобы посетить "Ранчо", вам сначала нужно запросить личное приглашение — отправляйтесь на его сайт.
http://www.eceti.org/

Коста Макреас — Западное побережье США
Коста является связующим звеном мира *CE-5*. Он устанавливает успешный инопланетный контакт с 2006 года и по ходу дела создал Народное движение за раскрытие информации, Глобальную инициативу *CE-5* и сообщество *ETLet'sTalk*. Сообщество *ETLet'sTalk* насчитывает более 20,000 членов в более, чем 100 странах. (Подробнее об этой важной сети см. в разделе о Народном движении). Он посвятил свою жизнь распространению информации и надежды через свои проекты, помогая простому человеку раскрыть свой потенциал в сообществе. Он благородный и в то же время приземлённый человек. Совместно с ним работает и его замечательная спутница Холлис Полк. Она профессионально обучает людей, как распознать и развить их естественные экстрасенсорные силы, чтобы создать лучший опыт инопланетного контакта. Они сильная пара, с которой нужно считаться. http://etletstalk.com/

Птицы полёта пониже, но мы любим этих ребят

Марк Коповски – Токио, Япония
Родившийся в Миннесоте, Марк управляет мероприятиями *CE-5* в Японии с 2013 года. Он посетил несколько контактных выездных семинаров по всему миру и знает, кто, чем и где занимается. Марк дал нашей группе много замечательных советов, многие из которых присутствуют в этом справочнике и которые невероятно помогли нам добиться прогресса. Марк также помогал в написании этой книги. Если вы зайдёте на сайт его группы или на страницу на *Facebook*, вы найдёте интересные статьи, видео и отчёты о полевых работах *CE-5*, которые пригодятся всем, кто практикует *CE-5* в любой точке мира.
http://www.ce5tokyo.org

Деб Уоррен — *OCSETI* (Оканаганский Центр изучения внеземного разума, от англ. *Okanagan Center for the Study of Extraterrestrial Intelligence*), Западная Канада
Деб — наша наставница из соседней провинции и управляет своей группой *CE-5* из Вернона, Британская Колумбия. Мы встретились с ней на одном из её многочисленных поездок *CE-5* по Западной Канаде, где она щедро проводила каждое лето, преодолевая множество километров, чтобы поделиться с группами своими знаниями и выполнять полевые работы с новичками. Она побывала на стольких выездных семинарах д-ра Грира, сколько вы не сможете пересчитать на пальцах, и она всегда абсолютно свободна и доступна для помощи и поддержки. Мы очень благодарны за все отвеченные ею телефонные звонки и электронные письма. Она очень нам помогла с этим справочником и заполнила значительный пробел в разделе снаряжения. https://ocseti.wordpress.com/

Рекомендованные источники

Книги
- *"Подготовка к контакту"* (*Preparing for Contact* by Lyssa Royal Holt)
- *"Призыв к инопланетянам"* (*Calling on Extraterrestrials* by Lisette Larkins)
- *"Пути к контакту"* (*Paths to Contact* by Jeff Becker)
- *"Опыт контакта с инопланетянами – справочник по CE-5"* (*The E.T. Contact Experience – CE-5 Handbook* by Peter Maxwell Slattery)
- *"Эволюция через контакт"* (*Evolution Through Contact* by Don Daniels)
- *"Запретная правда, спрятанные знания"* (*Forbidden Truth, Hidden Knowledge* by Steven M. Greer)
- *"Контакт: обратный отсчёт до трансформации"* (*Contact: Countdown to Transformation* by Steven M. Greer)
- *"Непризнанный"* (*Unacknowledged* by Steven M. Greer & Steve Alten)
- *"Галактическая дипломатия: достижение согласия с инопланетянами"* (*Galactic Diplomacy: Getting to Yes with ET* by Michael E. Salla)
- *"Несущие рассвет"* (*Bringers of the Dawn* by Barbara Marciniak)
- *"Становясь Богами"* (*Becoming Gods* by James Gilliland)
- *"Проект 'Сфера'"* (*The Orb Project* by Miceal Ledwith & Klaus Heinemann)
- *"Я пришёл с Венеры"* (*From Venus I Came* by Omnec Onec)
- *"Материалы хаторов"* (*The Hathor Material* by Tom Kenyon)
- *"Перемещаясь между мирами"* (*Walking Between the Worlds* by Gregg Braden)
- *"Электрогравитационные системы"* (*Electrogravitics Systems* by Thomas Valone, PhD.)
- *"Отрицая гравитацию"* (*Defying Gravity* by T. Townsend Brown)
- *"Беседы с Богом, книга 4 — Пробуди вид"* (*Conversations with God, Book 4 – Awaken the Species* by Neale Donald Walsch)

Подкасты
- *CE-5 Minneapolis* с Полом Рейднером. Выпущено 13 эпизодов.
- *As You Wish Talk Radio* с Джеймсом Гиллиландом.
- *Becoming a Cosmic Citizen* с Сиеррой Неблина & Доном Дэниелсом.
- *Fade to Black* с Джимми Чёрч.
- *Opens Mind UFO Radio*
- *The Grimerica Show* с Грэхэмом & Дарреном.
  Грэхэм входит в нашу группу *CE-5* на протяжении многих лет. Вместе с Дарреном они находятся на передовой линии исследования, изучая широкий круг захватывающих тем: сознание, НЛО, древние тайны, альтернативные реальности и так далее. Только вступление к каждому интервью стоит внимания со своими подкалываниями и болтовнёй. Среди гостей: Стэнтон Фридман, Жак Валле, Ричард Долан, Джозеф Фаррелл и многие другие. Обязательно послушайте эпизод #243 с Грантом Камероном #220 с Костой и Ноллис.

Сайты & *YouTube*
- **ET Let's Talk** — множество раз упомянутое в этом документе, ET Let's Talk включает в себя сокровищницу докладов о *CE-5*, группы *CE-5* и многое другое. ETLet'sTalk также показываем вебинары Дэнни Шихана. Дэнни — юрист по конституционным и общественным интересам, публичный спикер, политический активист и преподаватель. Он на регулярной основе говорит о Космическом Человечестве, медитации и сознании и на другие подобные темы. http://etletstalk.com/
- **Sirius Disclosure** — главный центр д-ра Грира. http://www.siriusdisclosure.com/

- **Center for the Study of Extraterrestrial Intelligence (CSETI)** http://www.cseti.org/
- **Enlightened Contact with Extraterrestrial Intelligence (ECETI)** http://www.eceti.org/
- **ECETI Australia** — Ресурс *CE-5* в Австралии под управлением Питера Максвелла Слаттери. https://www.ecetiaustralia.org/
- **Питер Максвелл Слаттери** — ещё один сайт Питера. https://www.petermaxwellslattery.com/
- **The Pete N Rae Pathways Show** среди обсуждаемых тем: *CE-5*, сознание, нечеловеческий разум и различные феномены, относящиеся к контакту. https://www.youtube.com/channel/UCEdJ75f6ipFbKdUjGeGzMQQ
- **CE-5 Aotearoa** — некоммерческая организация в Новой Зеландии. Новозеландские и международные события CE-5 и относящиеся к ним процедуры. https://www.ce5.nz/
- **JCETI Japan** — Японский Центр внеземного разума, возглавляемый Грегом Салливаном. Японский: http://www.jceti.org/, английский: http://www.ce5-japan.com
- **Дэррил Анка** — ченнелер инопланетной сущности по имени Башар. http://www.bashar.org/
- **Том Кеньон** — ченнелер группы инопланетян — хаторов. http://tomkenyon.com/
- **Д-р Эдгар Митчилл** —астронавт, основавший *FREE* (от англ. *Foundation for Research into Extraterrestrial Encounters*, Фонд исследований внеземных встреч). http://www.experiencer.org/
- **Ричард Долан** — сегодня считается многими важнейшим автором и спикером на тему НЛО. https://www.richarddolanpress.com/
- **Самойя Шелли Йейтс** – эта жительница Восточной Канады пережила близкий к смерти опыт, во время которого она встретила инопланетян, которые сказали ей, как чудесным образом спасти жизнь её сына и помочь укрепить планету в критическое время с помощью проведения групповых медитаций, собирая вместе миллионы людей. https://www.youtube.com/watch?v=KHGyu_AXNWg&t=6
- **Грант Камерон** — сверхскоростной канадский исследователь НЛО. Интересный, умный и просвещённый. http://www.presidentialufo.com/
- **Michael Schratt** —чёрные операции, *ARV* и НЛО. https://www.youtube.com/watch?time_continue=3&v=b-uufP375zE (9 мин) https://www.youtube.com/watch?v=pFWza6LTMrY (1.5 часа)

Документальные фильмы & другие источники
- *Unacknowledged* (*"Непризнанный"*) (2017) Документальный фильм, который нужно посмотреть первым. Как прятали НЛО 101 (на *Netflix*).
- *Sirius* (*"Сириус"*) (2012) Хоть он и был выпущен ранее, посмотрите его вторым. Включает в себя *CE-5* и генетическое изучение мумифицированного инопланетного тела. https://www.youtube.com/watch?v=5C_-HLD21hA
- *Contact Has Begun: A True Story with James Gilliland* (*Контакт начался: Подлинная история с Джеймсом Гиллиландом*) (2008) https://www.youtube.com/watch?v=V261_HKD4aQ
- *CSETI Working Group Training Materials* (*Рабочие материалы групповой подготовки CSETI*) http://new.cseti.org/members-section/51-art-cseti-working-group-training-materials.html
- TODO ES ENERGIA (*"Всё есть энергия"*)
  У Густаво, члена нашей калгарийской группы CE-5, есть испаноговорящая группа на *Facebook*, где приводятся все виды информации о связи тела, разума и души, включая: пробуждение, теории заговоров, йога, инопланетяне, рейки, прана исцеление, кристаллы, таро, медитации, удалённое видение, астральные проекции, осознанные сны, физическая и квантово-механическая энергия и акупунктура. Ищите название группы на *Facebook* и вступайте. https://www.facebook.com/groups/838503992965283/

Словарь терминов

А

Alien Reproduction Vehicles (ARV): корабли, сделанные людьми на основе потерпевших крушение НЛО

авиане: высокие, птицеподобные и гуманоидные продвинутые существа с голубыми перьями

аврора: потрясающее природное явление света вблизи полюсов

агент дезинформации: лжец, берущий деньги за распространение неправды с целью ввода людей в заблуждение

ангельские существа: небесные/духовные/ангелоподобные существа

аномальный свет: свет, поведение которого не может быть рационально объяснено

арктурианцы: маленькие, зеленовато-голубые продвинутые существа с тремя пальцами и миндалевидными глазами

астральное тело: энергетическая часть вашего тела, которая может путешествовать независимо от вашего физического тела

атмосферная рефракция: мигание звёзд вблизи горизонта из-за слоёв турбулентного воздуха

Б

био-перерыв: перерыв в вечерних мероприятиях для справления естественной нужды

браминское сознание: состояние разума, равноценное божественному воплощению

быстроходящий: термин *NORAD* для быстрого спутника, ракеты или быстрого НЛО

В

Великий Дух: коренное название вселенской духовной силы (Создателя, Бога и так далее)

вибрация: скорость, с которой перемещаются наши элементарные частицы, где высокие вибрации = любовь, низкие вибрации = страх

внетелесный опыт: осознанное путешествие вашего духа вне вашего тела

внешнее общение: приём информации от других существ, происходящий в 3D реальности

внутреннее общение: внутреннее получение информации от других существ

Военно-промышленный комплекс: неподотчётное ворующее подразделение правительства США

военное космическое судно: корабли, сделанные людьми на основе потерпевших крушение НЛО

вознесение: духовная эволюция

вознесённые владыки: существа, достигшие просветления

вортекс/вортексы: особые местоположения повышенной энергии или скопления вращающейся энергии

воссоединение с источником: теория о том, что все отдельные части Вселенной воссоединятся

вселенский закон: основные законы жизни (например, Все мы одно; что посеешь, то и пожнёшь)

вселенское единство: альфа и омега; всё, что существует

Г

геостационарная орбита: синхронна с Землёй (не двигается для наблюдателей, находящихся под ней)

гея: персонифицированное название нашей живой планеты

гибрид: существо, являющееся наполовину человеком и наполовину другим существом

гиперпереском: путешествие со скоростью, превышающей скорость света

гипногогическое состояние: переходное состояние во время засыпания или пробуждения

Глобальная инициатива *CE-5*: движение, ежемесячно проводящее глобальные единые *CE-5*

горловая чакра: энергетический центр в вашем горле

Д

диджериду: австралийский музыкальный духовой инструмент, сделанный из полой ветви

дрон: воздушный аппарат, удалённо управляемый человеком с земли

Е

ECETI: Просветлённый контакт с инопланетным разумом – группа искателей Джеймса Гиллиланда

ETLet'sTalk: сайт, объединяющий людей, увлечённых *CE-5*

З

загрузка: энергия или информация, поступившая в ваше сознание, систему знаний или физическое тело

зажигание: сфера света или повышенной яркости, появляющаяся вокруг звезды, стрикера, спутника, судна

закон притяжения: принцип, по которому чувства (вибрации) и мысли могут материализовываться

звёздная семья: ещё одно название инопланетян, также относящееся к возможному родству

звёздное существо: существо со звезды

зенит: часть неба прямо над вашей головой

золотой век: грядущая эра Земли с утопическими характеристиками

зонды: маленькие огоньки, опускающиеся близко к земле, которые могут собирать информацию

И

измерения: разные реальности/миры, могут быть обозначены 3D, 4D, 5D и так далее

инопланетянин: существо с неземным происхождением

информатор: человек, раскрывающий преступные секреты гнусных людей или организаций

Иридиевая вспышка: спутники, которые моментально улавливали отражение солнца и ярко сияли

искажённое небо: аномальное явление на определённой части неба (тепловые волны, мерцание, затемнение)

Источник: другое имя Бога, Создателя, Вселенной, Замечательного Бассейна Бесконечности и так далее

К

квантовая механика: физическая теория поведения очень маленьких частиц

корневая чакра: энергетический центр тела у основания позвоночника/тазового дна/гениталий

коронная чакра: энергетический центр, расположенный на вершине головы

космическая станция на кольцах Сатурна: космическая станция, находящаяся на кольцах Сатурна

космическое сознание: коллективное сознание самой Вселенной

космос: гармоничная структурированная Вселенная

круг на поле: геометрический узор на фермерских полях с аномальными изменёнными положениями растений

Л

львиные существа: продвинутые существа с кошачьими и гуманоидными характеристиками

М

манифестация: результат творения с помощью мысли, слова и действия

мантра: то, что вы повторяете снова и снова для медитации или концентрации

медитация: обучение разума фокусироваться и соединяться с сознанием единого разума

медленноходящий: определение NORAD для самолёта

Международная космическая станция (МКС): исследовательская станция на орбите, где находятся люди

межзвёздный: часто используется для описания огромного пространства и путешествия сквозь него

Межпланетный совет: ассамблей инопланетный послов, занимающаяся управлением и законотворчеством

межпространственный: имеющий возможность перемещаться между мирами/реальностями/измерениями

меркаба: божественное световое судно, созданное при помощи намерения и сакральной геометрии

мистические школы: организации, обладающие священными учениями и охраняющие их

Млечный Путь: полоса звёздного скопления в небе, видимая только на очень тёмных участках

многопространственный: существо, которое может перемещаться через пространства

Н

наблюдение за небом: процесс поиска чего-либо в небе, например НЛО

намасте: "божественное во мне приветствует божественное в тебе"

Народное движение за раскрытие информации: организация, добивающаяся обнародования силами людей

НВФ: неопознанный воздушный феномен

небесные существа: существа из других реальностей, например духи, ангелы, вознесённые владыки

небесный: пришедший с неба

негативные инопланетяне: примитивные эгоистичные существа из других миров

негативные сущности: раздражающие, пугающие, но в целом незначительные призраки, духи или энергия

нефизические существа: духи, призраки, сущности итд. Любое существо, не обладающее физическим телом

низкий летун: низко летающее НЛО

НЛО: неопознанный летающий объект

Новый Мировой Порядок: деспотическая тоталитарная система, которую не смогли установить заговорщики

NORAD: Командование воздушно-космической обороной Северной Америки

Нордики: продвинутые существа, внешне похожие на людей европеоидной расы

О

OCSETI: Оканаганский центр изучения внеземного разума

обнародование: когда правда об инопланетянах раскрыта

Ом: священная мантра в индуизме и тибетском буддизме, означающая "звук Вселенной"

ориентация: понимание вашего местонахождения (для СЕ-5 под открытым небом)

осознанное сновидение: осознание того, что вы спите, пока вы спите

П

параллельная реальность: возможный мир или миры, которые сосуществуют отдельно от нашего

Плеядеанцы: продвинутые существа, внешне похожие на людей европеоидной расы

полевая работа: работа по *СЕ-5*, проводимая на природе

посол: представитель группы

поющая чаша: тибетский музыкальный инструмент, способствующий глубокой медитации и расслаблению

краническая энергия: вселенская энергия, жизненная сила, космическая энергия

предполагаемая звезда: звезда с аномальными характеристиками, которая может быть НЛО

предполагаемый метеор, он же "стрикер": падающая звезда, которая может быть НЛО

предполагаемый спутник: спутник, который может быть НЛО

пришельцы: существа не "отсюда"

Проект обнародования: кампания CSETI по раскрытию обществу информации об инопланетянах

протокол: установленный способ выполнения задания

пуджа: песня или молитва на санскрите

Р

разгон облаков: попытки сформировать или передвинуть облака с помощью намерения

Ранчо: прозвище для *ECETI*

расширение: осознание собственной истинной природы

С

СЕ-1: близкий контакт первой степени (увидеть инопланетное судно в пределах 20м)

СЕ-2: близкий контакт второй степени (физическое подтверждение приземления или судна)

СЕ-3: близкий контакт третьей степени (увидеть существо)

CE-4: близкий контакт четвёртой степени (взаимодействие с существами/сюрреалистические встречи/похищения)

CE-5: близкий контакт пятой степени (инициированное человеком общение с инопланетянами)

CSETI: Центр изучения внеземного разума, основанный д-ром Стивеном Гриром

сакральная чакра: энергетический центр в нижней части живота под пупком

световое тело: ваша энергетическая часть, которая может путешествовать отдельно от вашего физического тела

свободная энергия: способность использовать бесконечную энергию вокруг нас

Северное Сияния: потрясающее природное явление света вблизи полюсов

сердечная чакра: энергетический центр в сердце

сетка Беккер-Хагенса: сетка, пронизывающая Землю, совпадающая с особыми энергетическими точками

синхронность: не простое совпадение — вселенская связь обстоятельств

слияние: согласованное слияние с другим существом

сознание: любовь. Или осознанность. Или расширение. Или Бог. Или…

сознание единого разума: коллективный разум, коллективное сознание, лиминальность и так далее

стрикер: падающая звезда, которая может быть НЛО

сфера: двигающаяся энергетическая и/или световая сфера, варьирующаяся в размере и цвете

сцепление: когда вы сигналите кораблю с помощью лазерной указки или прожектора, и они сигналят в ответ

Т

телепания/телепатическое общение: использование разума для общения и получения информации

телескоп Хаббл: один из самых больших и многофункциональных телескопов, запущенных в космос

теломеры: защищающие ДНК заглушки на концах хромосом

тета-состояние мозга: медленные частоты мозговых волн во время медитации, расслабления или сна

тональности кругов на полях: аномальные звуки, записанные внутри круга на поле

тонирование: произнесение гласного звука в течение длительного времени

транспространственный: способный перемещаться между пространствами

трансцендентальная медитация (ТМ): техника медитирования, созданная Махариши Махеш Йоги

У

удалённое видение: военный процесс по сбору информации с помощью доступа к коллективному разуму

усовершенствование: энергия, способная исцелять/перенаправлять кого-либо в положительном направлении

Ф

Федеральный резерв: частная корпорация, разработавшая санкционированный план по краже ваших денег

Фонд исследований внеземных встреч д-ра Эдгара Митчелла — **FREE** от англ. *Foundation for Research into Extraterrestrial Encounters*

фотовспышка: маленькая вспышка в небе, похожая на вспышку камеры или на быстро появляющуюся и исчезающую звезду

Х

Хаторы: продвинутые существа, гуманоиды, мастера звука с деликатными веерообразными ушами

Ч

чакра солнечного сплетения: энергетический центр в верхней части живота над пупком

чакра третьего глаза: энергетический центр прямо над и между вашими бровями

чакры: энергетические центры на теле, идущие вверх по позвоночнику и через голову

частота: скорость, с которой перемещаются наши элементарные частицы, где высокие вибрации = любовь, низкие вибрации = страх

ченнелинг: когда кто-то передаёт сообщения от другого существа (инопланетного или нефизического)
чёрные операции: военные проекты, на которые уходит огромное количество налоговых долларов

Э

эмиссар: кто-либо, посланный на особую миссию, обычно в качестве дипломатического представителя
энергетическая загрузка: энергия, нацеленная на исцеление, укрепление и обновление
энергия: невидимая движущаяся или пульсирующая сила; то, из чего мы сделаны; то, как функционирует жизнь.

Я

ясновидение: воспринимать что-либо за пределами обычных сенсорных способностей
ясновкусия: чувствовать вкус чего-либо за пределами обычных сенсорных способностей
яснообоняние: чувствовать запах чего-либо за пределами обычных сенсорных способностей
яснослышание: слышать что-либо за пределами обычных сенсорных способностей
ясночувствование: испытывать нефизические ощущение или энергию в теле

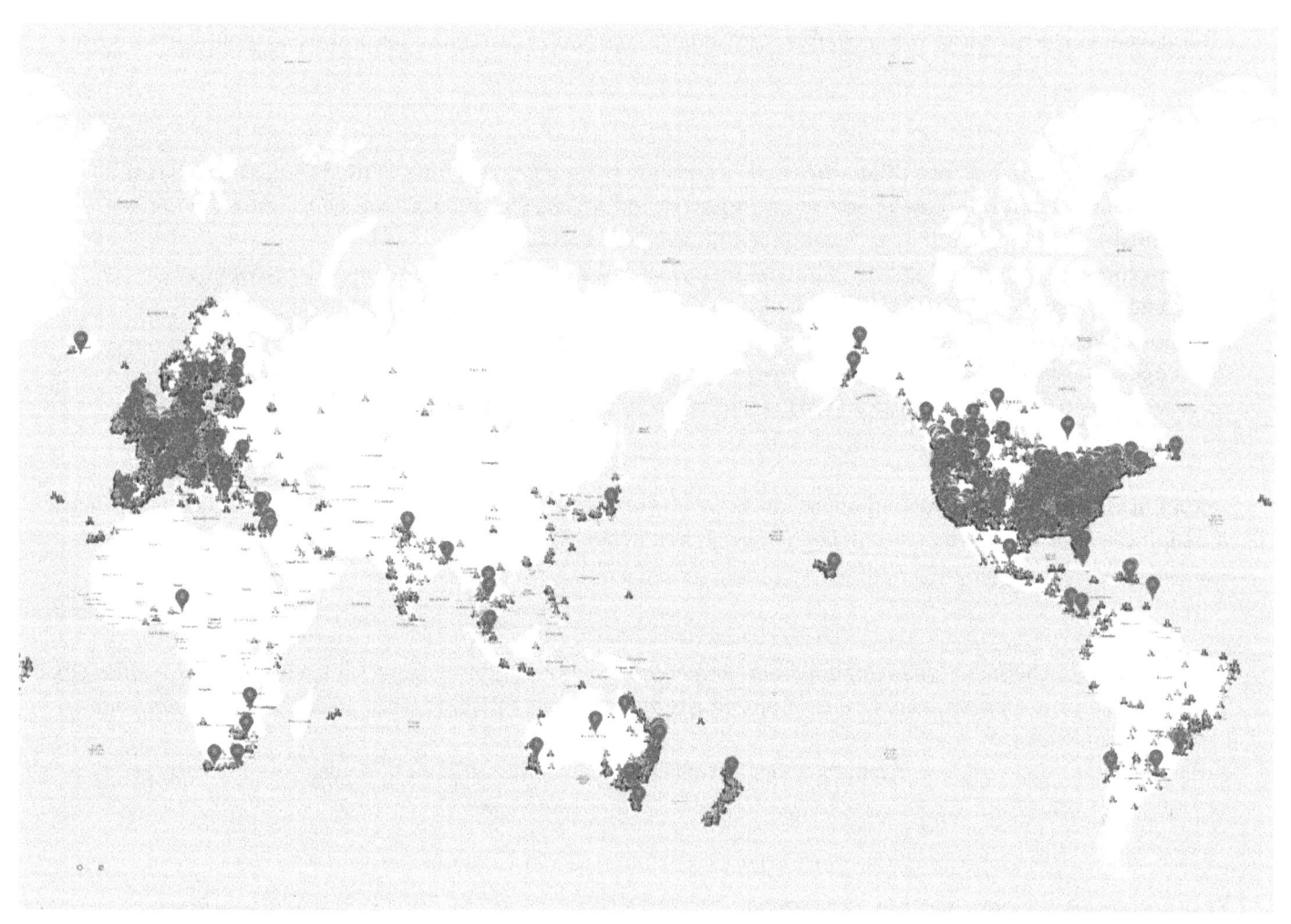

Зарегистрированные члены двух главных сайтов *CE-5*